A VANTAGEM DOS INTROVERTIDOS

Matthew Pollard

com Derek Lewis

A VANTAGEM DOS INTROVERTIDOS

Como tímidos podem se destacar
nos negócios sem abandonar
sua essência

Tradução
Edmundo Barreiros

Rio de Janeiro, 2021

Copyright © 2018 Matthew Pollard and Rapid Growth LLC
Copyright de tradução © 2021 por HarperCollins Brasil
Título original: *Introvert's edge*

Todos os direitos desta publicação são reservados à Casa dos Livros Editora LTDA. Nenhuma parte desta obra pode ser apropriada e estocada em sistema de banco de dados ou processo similar, em qualquer forma ou meio, seja eletrônico, de fotocópia, gravação etc., sem a permissão do detentor do copyright.

Diretora editorial: *Raquel Cozer*

Gerente editorial: *Alice Mello*

Editor: *Victor Almeida*

Assistência editorial: *Anna Clara Gonçalves e Camila Carneiro*

Copidesque: *Rowena Esteves*

Revisão: *Luise Fialho e Isabela Sampaio*

Capa: *Renata Zucchini*

Diagramação: *Abreu's System*

CIP-Brasil. Catalogação na Publicação
Sindicato Nacional dos Editores de Livros, RJ

Lewis, Derek
  A vantagem dos introvertidos: como tímidos podem se destacar nos negócios sem abandonar sua essência / Derek Lewis, Matthew Pollard; tradução de Edmundo Barreiros. – Rio de Janeiro : HarperCollins Brasil, 2021.

  Título original: The introvert's edge
  ISBN 978-65-5511-214-6

  1. Introvertidos 2. Negócios 3. Vendas 4. Sucesso em negócios I. Pollard, Matthew. II. Título.

21-76450   CDD: 650.13

Os pontos de vista desta obra são de responsabilidade de seu autor, não refletindo necessariamente a posição da HarperCollins Brasil, da HarperCollins Publishers ou de sua equipe editorial.

HarperCollins Brasil é uma marca licenciada à Casa dos Livros Editora LTDA.
Todos os direitos reservados à Casa dos Livros Editora LTDA.
Rua da Quitanda, 86, sala 218 – Centro
Rio de Janeiro, RJ – CEP 20091-005
Tel.: (21) 3175-1030
www.harpercollins.com.br

SUMÁRIO

Apresentação por Judy Robinett..................................... 9

1 – QUANDO OS INTROVERTIDOS FRACASSAM NAS VENDAS
O problema com introvertidos 16
O que acontece sem as vendas 20
O mito do vendedor 22
Batendo em 93 portas 24
Deve haver um jeito melhor 27
Alex se torna uma força de vendas 30
7 passos para a vantagem dos introvertidos 33

2 – DEFINA A CENA (PRIMEIRO PASSO: CONFIANÇA E OBJETIVOS)
O poder da indiferença versus a impotência do desespero............. 45
O sistema está acima da venda.. 48
A importância da confiança 50
Estabelecendo relacionamento rapidamente 52
Estabelecendo credibilidade rapidamente 56
Sem objetivos ocultos 60
Mostre o roteiro a eles 62
Não deixe que seus clientes operem as máquinas 63

3 – VÁ ATRÁS DO OURO (SEGUNDO PASSO: FAÇA PERGUNTAS INVESTIGATIVAS)

Procure estancar o sangramento 68
Escute, não para responder, mas para entender 71
Encontre o padrão nas perguntas 74
Fazendo as perguntas certas 76
Fazendo estranhos se abrirem 79

4 – FALE COM A PESSOA CERTA (TERCEIRO PASSO: QUALIFICAÇÃO)

Passando pelo guardião do portão 87
Não desperdice seu tempo 88
Seja simpático com a secretária 89
Por que este é o terceiro passo? 90
As pessoas adoram qualificar 92

5 – NÃO VENDA – CONTE (QUARTO PASSO: VENDAS BASEADAS EM STORYTELLING)

Inclua a situação em uma história 100
A ciência do storytelling 101
Construindo sua primeira história 103

6 – NÃO DISCUTA – ACRESCENTE (QUINTO PASSO: LIDANDO COM OBJEÇÕES)

Evite objeções 113
Não se venda como um vendedor 115

7 – AFIRA A TEMPERATURA DELES (SEXTO PASSO: CONCLUSÃO)

Dedos na água 120
O duplo-cego 122

8 – PEÇA SEM PEDIR (SÉTIMO PASSO: TOME A VENDA COMO CERTA)

Como lidar com o preço 130
Não trate vendas como vidro 133
Encontre um meio, não uma desculpa 137

9 – APERFEIÇOE O PROCESSO
Faça uma avaliação honesta de si mesmo 143
Uma coisa de cada vez 144

10 – A VANTAGEM DOS INTROVERTIDOS NA VIDA REAL
O fantasma do negócio passado 149
O que eu fiz 154
O que eu faço agora. 155
Por que me dar ao trabalho? 165

11 – MAESTRIA
Todo mundo adora opções 171
Preparando-se para escalar. 172
Não entregue seu negócio 175
Quando vendas e marketing trabalham juntos 176
A vantagem dos introvertidos 182

Agradecimentos. 183
Sobre o autor. 185
Referências e outras leituras 189

APRESENTAÇÃO

Odeio networking – é desagradável e manipulativo.

Isso é irônico, pois fui considerada uma das melhores em networking no mundo pela *Forbes*, a *Fast Company* e a *Bloomberg*. Mas não vejo o que faço como networking. Eu me vejo como uma "conectora". Adoro apresentar duas pessoas que precisam se conhecer. Assim que conheço alguém, começo a pensar no que poderiam fazer para ajudar outra pessoa que conheço. Para mim, estou apenas intencionalmente conectando duas pessoas de uma forma que sirva aos objetivos delas.

Sinto uma empolgação especial quando encontro gênios inconscientes. Por alguma razão, pessoas incrivelmente habilidosas – técnicos, pessoas criativas, inventores, pensadores – são as últimas a reconhecer o próprio talento. Gosto de ajudar essas pessoas a montar apresentações de investimento, auxiliando-as durante o processo, vendo-as acessar exatamente aquilo de que precisam e observando o sucesso resultante de descobrirem a própria magia. Amo ajudar pessoas a se promoverem.

E, novamente, isso é irônico, pois odeio *me* promover.

Apesar de ter crescido em uma cidadezinha de trezentos habitantes na zona rural de Idaho, eu era muito tímida. Era tão introvertida em minha escola interiorana que sofria bullying. Trazer a atenção para mim mesma foi uma coisa que nunca fiz.

Tornei-me CEO de empresas públicas e privadas de sucesso, mas quando resolvi encarar os negócios por conta própria, estava em desvantagem. Sabia como promover tudo e todo mundo, exceto a mim mesma.

Igual ao networking, "vendas" eram uma coisa desagradável e manipulativa, praticada por varejistas de carros usados e apresentadores de comerciais de TV tarde da noite. Eu não me vendia, nem queria fazer isso: achava que se fosse inteligente, uma boa pessoa e realmente ajudasse os outros eu seria paga por isso.

Quanta ingenuidade.

Eu queria que isso fosse verdade, mas era um conto de fadas. Depois do sucesso do meu livro *How to Be a Power Connector* – um dos dez principais segundo a revista *Inc.* em 2014 –, comecei a receber uma ligação atrás da outra com solicitações de palestras. Não conhecia o ramo de palestras remuneradas, por isso me subvalorizava, cobrava pouco e trabalhava demais. Quando alguém perguntava meu preço, eu paralisava, então mencionava o que considerava ser um valor alto (não era) "só" para falar por 45 minutos.

Meus clientes gostavam do que eu fazia. Eles me amavam, e eu os amava. Mas por mais que eu tentasse, minha conta bancária nunca parecia corresponder ao valor que eu entregava.

Um dia, vi um artigo sobre como fechar uma *soft sale*. Foi um dos melhores textos sobre como abordar as vendas de maneira autêntica que eu já tinha lido. A autoria: Matthew Pollard.

Após ler outros artigos de Matthew e falar diretamente com ele, senti que era alguém de confiança. Ali estava um profissional de vendas que não estava tentando me influenciar a... Bom, a nada. Ele não queria usar as pessoas. Ele não queria enganá-las. Ele queria realmente ajudar. Ele fazia negócios do jeito que eu gostaria de fazer negócios – centrado em conectar pessoas com aquilo de que realmente precisavam.

Matthew desafiou minhas crenças básicas sobre vendas. Por exemplo: o que eu via como uma palestra de 45 minutos, devia ver como dias de preparação para criar uma palestra personalizada, pelo menos dois dias de viagem, e os custos de oportunidade da experiência de trabalhar com outros clientes durante a viagem. Isso não leva em conta nem o valor dos insights ou da experiência compartilhada na própria apresentação e em discussões pessoais com participantes depois.

Não era surpresa que ninguém quisesse me contratar – eu era barata demais!

Como introvertida, e especialmente como uma mulher que sempre aprendeu a botar os outros à frente de si mesma, eu evitava a pergunta "Quanto você cobra?". Ali estava eu, uma ex-executiva de diversas empresas, e não conseguia responder com confiança a uma pergunta básica sobre meu próprio negócio.

Matthew me sugeriu uma abordagem que mudou *tudo*.

Em vez de esperar que alguém levantasse a questão do preço, eu provocava perguntando: "Tenho certeza que quando pensou em me procurar ou me convidar para falar em seu evento, você tinha uma ideia de quanto trabalhar comigo iria custar. Que tipo de orçamento você tem em mente?"

Eu podia sentir a energia da conversa mudar. Em vez de eu apresentar timidamente meu preço, de repente as pessoas estavam tentando provar que tinham o orçamento para trabalhar comigo.

Eu comecei a ouvir respostas como:

"Acho que não poderia conseguir por menos de $X."

"Na verdade, não podemos passar de $Y em nosso orçamento."

"Sei que você provavelmente cobra mais que isso, mas esperava que estivesse disposta a falar por $Z."

Os preços que as pessoas passaram a oferecer eram de *três a quatro vezes* o que eu estava cobrando. Melhor de tudo, eu não me sentia mal. Eu não me sentia enganadora. Eu não sentia que as tinha enrolado de alguma forma. Na verdade, foi muito validador.

Barbara Jordan disse uma vez: "Para jogar o jogo corretamente, é melhor você conhecer todas as regras." Eu estava no jogo, ajudando todo mundo a ganhar... Menos a mim mesma. Matthew me mostrou as regras que eu não enxergava. Aprendi a vender minhas habilidades enquanto me sentia tão genuína, autêntica e colaborativa quanto me sentia antes de ler aquele artigo... Só que agora eu também sinto que estou ganhando.

Em suma, o sistema de vendas de Matthew conectou todas as pontas e me entregou meu negócio dos sonhos. Confie no processo dele e veja o que ele pode fazer por você.

Judy Robinett, autora de *How to Be a Power Connector*

1

quando os introvertidos fracassam nas vendas

No mundo moderno dos negócios, é inútil ser um pensador criativo e original, a menos que você também consiga vender o que cria.

— **David Ogilvy**, *Confissões de um publicitário*

O sonho de Alex Murphy estava rapidamente se transformando em pesadelo.

Com o financiamento de dois parentes, ele tinha montado o próprio estúdio de videografia. Com câmeras de qualidade profissional, software avançado, microfones e um impressionante conjunto de talentos, a Golden Arm Media tinha tudo a seu favor.

Exceto vendas.

Como proprietário e a cara do negócio, esse aspecto cabia a Alex. Infelizmente, como muitas pessoas que começam com a especialização em algo e então criam uma empresa a partir disso, ele não tinha talento para vendas. Na verdade, como introvertido, ele odiava vendas.

Ele tinha desenvolvido uma gagueira, resultante de falta de confiança, após o ensino fundamental. Como já era um tanto tímido, a gagueira apenas aumentava sua aversão natural a conversas casuais com estranhos. Seu desconforto com situações sociais persistiu durante o ensino médio e a faculdade.

Avancemos alguns anos até Alex criar sua empresa do zero. Ela não era um negócio estabelecido com uma base de clientes existente. Ele não saiu de outra empresa com um portfólio de projetos de clientes ou uma grande rede de contatos de pessoas e empresas dos quais pudesse se aproveitar. Ele tinha que construir sua carteira de clientes do nada.

Então, se formos fazer uma lista, teremos: um introvertido com gagueira (que piorava em momentos de estresse)... Com aversão a conversas casuais (uma característica normal de introvertidos)... Uma percepção de si mesmo distorcida e uma baixa autoconfiança resultante disso... Que encara o desafio de criar novos relacionamentos que vem de todos esses fatores... Bota a si mesmo em uma situação em que seu ganha-pão depende de ser capaz de vender serviços intangíveis... Para completos estranhos. Parece a fórmula para um desastre, não é?

E era.

Quando ele estava ao telefone ou frente a frente com clientes em potencial, não sabia o que fazer além de falar sobre vídeo e negócios. Se eles tentassem uma conversa informal ou se por acaso encontrassem alguma característica pessoal em comum, Alex simplesmente se fechava. Havia uma pausa longa e antinatural enquanto os dois lados tentavam descobrir como sair daquele assunto no qual, de algum modo, eles tinham caído.

Frequentemente dizemos: "As pessoas fazem negócios com aqueles de quem gostam." Depois de passar horas com Alex, sei que ele é um cara agradável. Mas em uma situação de vendas, ele tinha dificuldade para superar a barreira de criar um relacionamento básico com o cliente em potencial, que dirá estabelecer a confiança necessária para convencê-lo a comprar um serviço profissional personalizado como o vídeo.

Então, as vendas iam muito mal.

O PROBLEMA COM INTROVERTIDOS

Nós, introvertidos, vivemos em um mundo (ou, pelo menos, na cultura ocidental) que admira pessoas extrovertidas. Frequentemente descrevemos os líderes que admiramos como expansivos, charmosos e carismáticos. Pessoas de sucesso são e agem como extrovertidas. Portanto, os extrovertidos são as pessoas que acreditamos que devemos ter como modelos.

Isso não funciona para introvertidos como você e eu. Isso vai contra quem somos, como funcionamos e como pensamos. Claro, podemos fingir ser extrovertidos e aprender truques que escondam nossa introversão, mas no fim das contas, não conseguimos fugir do nosso DNA. Pedir a uma pessoa introvertida ao extremo que se empolgue com o processo de vendas é como contratar um artista para se empolgar com contabilidade: não é de sua natureza.

Carl Jung definiu introvertidos como tendo um foco para o interior, enquanto extrovertidos têm o foco no exterior. Em outras palavras, ele descreveu como esses dois tipos de pessoa obtêm sua energia: introvertidos ao estarem sozinhos; extrovertidos ao estarem com pessoas. Na prática, isso significa que um introvertido pode gastar energia fazendo networking ou se apresentando para um público, mas recarrega as baterias principalmente estando sozinho. Extrovertidos, por outro lado, podem trabalhar em isolamento, mas se recarregam saindo com amigos ou estando em uma multidão.

Pegue a mim, por exemplo. Posso parecer um extrovertido sociável no palco e depois, durante as perguntas ou oficinas, mas quando chego em casa, desligo meu telefone e ligo a TV, fico sozinho por algumas horas – sem outras luzes ou ruídos – e relaxo para recarregar as baterias. Mesmo adorando ajudar as pessoas, o ato de interação descarrega minhas energias. Compare isso com alguns de meus colegas extrovertidos que se empolgam quando estão no palco e depois anseiam por passar a noite fora de casa.

Falando sobre a situação de Alex, aqueles que estudaram a introversão observam que frequentemente odiamos jogar conversa fora, preferindo falar sobre coisas que importam, ou "conversas significativas", como muitos chamam. Do que importa quem ganhou o jogo ontem à noite quando você está ali para fechar um trabalho?

Uma característica indicativa de introvertidos é o que alguns especialistas chamam de "refletir internamente". Isso significa que introvertidos pensam muito mais antes de falar. Tenho um cliente de coaching que, muitas vezes, demora tanto para responder a uma pergunta que tivemos que passar para o Skype para que eu pudesse saber a diferença entre ele pensando ou a ligação caindo. Extrovertidos, por outro lado e de forma mais comum, simplesmente "pensam em voz alta". Para nós, porém, a aversão à conversa fiada leva a sermos interpretados como estranhos, tímidos, frios, antissociais ou simplesmente rudes. Não somos. Isso são só as aparências.

Alex não se via como nenhuma dessas coisas. Em sua cabeça, ele estava apenas indo direto ao assunto que importava. Era para isso que ele estava ali, no fim das contas. Ele não sabia bem o que fazer com clientes que falavam sobre a apresentação de seus filhos ou seus planos para o fim de semana. Essas coisas eram totalmente desimportantes em uma reunião sobre serviços de vídeo. Era quase como se Alex estivesse tentando ter uma conversa enquanto a pessoa do outro lado da mesa estava tendo outra. A reunião de vendas se tornava uma dança estranha para os dois lados.

Quando Alex reunia toda a informação que precisava e deixava os clientes em potencial, ele voltava para seu escritório e passava horas criando uma proposta, às vezes de até trinta páginas. Assim que terminava, ele a enviava empolgado para eles. Então esperava por dias, semanas ou até meses por uma resposta – só para descobrir depois que eles tinham feito um acordo com outra pessoa.

Ele via seu sonho escorrendo pelo ralo. Os poucos clientes que conseguia nunca cobriam todas as contas. Seus fundos iniciais estavam se esgotando rápido. Ele tinha pegado dinheiro emprestado de seu pai e usado o limite dos cartões de crédito da esposa – os dois trabalhavam para ele. Se o negócio fracassasse, não ia apenas destruir suas finanças, mas também fazer com que perdesse seu meio de vida. Se alguma coisa não mudasse depressa, ele estaria diante da mesma realidade enfrentada por quase todos os negócios fracassados: contas a pagar, demissões e, no fim, fechar as portas para sempre. Sua esposa, Sarah, mais tarde me contou que devido ao excesso de trabalho e à falta de resultados, ela estava se fechando emocionalmente. Em suas próprias palavras: "Era um lugar horrível para trabalhar."

Dizer que Alex estava desesperado é pouco.

Claro, esse desespero só piorava a espiral descendente. Quanto mais difíceis ficavam as coisas, mais ansioso ele ficava com cada projeto em potencial. Se você já esteve do outro lado da mesa, sabe como é interagir com um vendedor que exala desespero. Quando os clientes sentem esse cheiro, às vezes tentam tirar proveito negociando um preço mais baixo ou mais entregas (ou os dois). Na maioria das vezes, porém, isso os deixa incertos e sem saber se o vendedor vai conseguir entregar o que promete.

O fornecedor de serviço não tem confiança porque está desesperado ou porque está fora de sua zona de conforto? Se está desesperado, então não deve ser muito bom, certo? Ninguém quer fazer negócios com alguém que está fracassando. Ninguém gosta de lidar com um vendedor que está quase implorando pela venda. Se ele está fora de sua zona de conforto, isso deve significar que não tem muita experiência, não é? Queremos apostar naquelas pessoas que já comprovaram capacidade (e que ainda estarão funcionando amanhã).

Alex foi indicado para mim por um amigo em comum que tinha acabado de conhecê-lo. Vi seu trabalho e fiquei impressionado com seu talento, mas não com sua habilidade em vendas. Tenho um fraco por negócios pequenos como o dele. Mesmo gostando de trabalhar com clientes corporativos, sei que tudo o que estou fazendo é ajudar uma empresa de sucesso a ser ainda mais bem-sucedida. E isso não enriquece tanto a alma quanto trabalhar com o dono de um negócio pequeno, onde sei que meu trabalho tem o potencial de mudar uma vida. Tem algo heroico nas pessoas com habilidade, paixão, talento e crença o suficiente em si mesmas para abrir um negócio. Me mata ver os sonhos desses empreendedores falharem. Vi lojas familiares abrirem só para ver os corredores desses negócios se esvaziarem muito antes de eles acabarem por fechar as portas. Vi profissionais com equipamentos parados na garagem; e profissionais que trabalham de casa com as agendas vazias, antes de terem que voltar para seu antigo emprego. Penso em como isso é estressante para uma família: economias de uma vida perdidas, empréstimos vencidos, sonhos despedaçados, divórcio. Na verdade, vi isso acontecer com a família de um amigo quando eu era jovem. Seus pais economizaram cada centavo para realizar o sonho de abrir um restaurante. Eu me lembro da empolgação da inauguração e de como o futuro parecia promissor. Cerca de um ano depois, percebi que os pais dele não estavam se dando muito bem. Alguns meses mais tarde, eles fecharam o restaurante e acabaram se divorciando. O pai se mudou para outra cidade e passei a só conseguir ver meu amigo a metade do tempo que via antes. Um pequeno negócio tem o potencial de mudar sua vida completamente – para o bem ou para o mal.

Por que tantos projetos fracassam apesar de um grande produto ou serviço, clientes e consumidores apaixonados, e pessoas que colocam o coração e a alma no empreendimento? Alguns diriam que o principal problema é o mesmo de qualquer outro negócio: eles não conseguem clientes suficientes ou precisam de mais clientes.

Depois de vender para empreendedores e empresas pequenas, depois de consultorias com fundadores e executivos de alto escalão, depois de abrir uma empresa de alguns milhões de dólares e de criar o atual Small Business Festival, agora nacional – que, eu me orgulho em dizer, a *Inc.* listou como um dos cinco principais eventos imperdíveis –, vou contar uma coisa que você pode já saber ou suspeitar no fundo de seu coração: o caminho para o sucesso de um introvertido não é o mesmo de um extrovertido.

Nós somos diferentes e devemos abraçar isso.

O QUE ACONTECE SEM AS VENDAS

Red Motley disse: "Nada acontece até alguém vender alguma coisa." Eu discordo, Red: muita coisa aconteceu comigo exatamente porque alguém não vendeu alguma coisa.

Devido a um problema visual diagnosticado de forma equivocada como dislexia, eu me formei no ensino médio com a velocidade de leitura de um aluno do sexto ano. Isso, junto com o aparelho dentário e uma acne crônica, tornou-me horrivelmente tímido e inseguro em relação ao que queria fazer da minha vida. Em vez de ir para a faculdade depois de me formar, meu pai me aconselhou a esperar por um ano e arranjar um emprego. Depois de um ano no mundo real, eu teria uma ideia melhor de que carreira gostaria de seguir e, portanto, o que eu deveria estudar.

Alguns meses antes de me formar no ensino médio, encontrei um emprego de fim de semana a cerca de quinze minutos de distância em Melbourne, trabalhando como assistente em meio período para John (muitos nomes aqui foram mudados para evitar constrangimento). Ele tinha sido engenheiro da Caterpillar, mas havia sido demitido. Depois, se tornou agente imobiliário de uma grande empresa chamada Elders, trabalhando primeiro no escritório da firma em Kilnore e depois abrindo a nova filial em Craigieburn.

Eu não era a pessoa que ficava à frente falando com os clientes. Eu era o cara nos fundos fazendo o trabalho burocrático e com uma expressão no rosto que dizia: "Por favor, por favor, não fale comigo." Eu queria permanecer invisível; a ideia de vender para clientes me deixava apavorado.

Sem nenhum outro lugar para onde ir, possivelmente aquele seria meu ganha-pão por algum tempo, então eu estudava tudo o que John fazia. Eu sempre tive um quê empresarial, então era legal ver um novo escritório de filial ser montado. Eu observava John ir de um lado para outro com o gerente imobiliário para negociar o aluguel, instalar o equipamento e começar a trabalhar no escritório em si.

Empreiteiros me procuravam para fazer orçamentos para a reforma do espaço, o que incluía construir paredes divisórias. Depois de ver os preços, John decidiu que poderia economizar o dinheiro fazendo ele mesmo o trabalho. Afinal de contas, ele era engenheiro. Ele passou meses construindo as paredes, pintando, mudando os móveis de lugar, arrumando o escritório, garantindo que a sinalização estivesse perfeita e ajustando todos os detalhes. Na verdade, ele frequentemente chegava no escritório de macacão em vez de terno, então possíveis clientes o confundiam com um empreiteiro de obras. Quando John se apresentava como o agente imobiliário, não demorava muito para que eles fossem embora.

Depois de semanas disso, um dia John entrou e disse: "Está bem, é hora de fazermos alguns negócios." Eu quis dizer que aquilo não era trabalho meu, mas entrei com relutância no carro. Enquanto saíamos, eu podia sentir minha agonia crescendo, pensando comigo mesmo o tempo todo: *Ah, meu Deus, ele vai me fazer falar com pessoas.*

Nós chegamos a uma vizinhança, estacionamos o carro e botamos flyers em caixas de correspondência (o que eu descobri depois ser crime federal nos Estados Unidos). Nós nem batemos em porta nenhuma, muito menos tentamos falar com alguém. Eu ainda me lembro de John dizendo, 45 minutos depois: "Está bem. Por hoje basta. Hora de almoçar."

Como um garoto novo que não sabia quase nada sobre negócios, eu não tinha ideia de como as vendas aconteciam. Fiquei muito aliviado; tudo o que tivemos que fazer foi brincar de carteiros!

Aparentemente, um engenheiro profissional também não sabia muito sobre vendas. Em pouco tempo, o escritório de Craigieburn foi fechado, e John, demitido.

Ele encontrou outro emprego, mas e seu jovem assistente em início de carreira? O que aconteceu com o estudante do ensino médio que não iria para a universidade e não tinha outra alternativa? O que aconteceu com seus planos de usar aquele ano para se encontrar antes de ir para a faculdade? Vou lhe dizer o que aconteceu com ele: foi deixado sem nenhuma ideia, sem nenhum contato, sem nenhuma habilidade e sem nenhuma opção. É isso o que acontece quando seu meio de vida depende de outra pessoa... E essa pessoa não consegue vender.

O resultado: pessoas se machucam, e sonhos morrem.

O MITO DO VENDEDOR

Olhando para trás, posso ver com facilidade por que John fracassou. Ele não era um vendedor. Ele era um engenheiro típico: um solucionador de problemas introvertido e analítico. Nada que ele aprendeu poderia tê-lo preparado para vender serviços imobiliários a proprietários de imóveis. Sair para encontrar pessoas novas e gerar negócios simplesmente não era de sua natureza.

Não que ele não fosse inteligente; obviamente, ele era. Ele não era preguiçoso. Mas em vez de se concentrar em vendas, ele se concentrou em fazer coisas nas quais já era bom. Podemos dizer que estava tentando economizar dinheiro fazendo ele mesmo o trabalho, mas a verdade é que ele fugia de fazer algo que o deixava desconfortável. Em vez disso, fazia o que todos tendemos a fazer: seguir na direção do que conhecemos. Além disso, para introvertidos, a ideia de vender seus serviços não é apenas desagradável; ela pode ser completamente aterrorizante. Muitos dos introvertidos com quem trabalho sabem disso. Eles gostam de fazer aquilo em que são bons e odeiam fazer o que os deixa desconfortáveis (como a maioria das pessoas).

Então, se concentram no trabalho. Proprietários de negócios frequentemente abrem as próprias empresas porque são excelentes em sua habilidade funcional. Advogados abrem os próprios escritórios porque conhecem a lei. Eletricistas abrem as próprias empresas de instalações porque são bons eletricistas. Profissionais de TI abrem os próprios negócios de consultoria porque são habilidosos em uma plataforma específica.

Mas só porque você é bom em alguma coisa – ou mesmo excelente nela – não significa que clientes vão aparecer na sua porta. Mesmo que você invista dinheiro em publicidade (em geral, não é a melhor solução para seu problema de vendas), ainda terá que falar com pessoas quando elas entrarem ou telefonarem. O marketing pode revelar um cliente em potencial, mas ainda há um caminho a ser percorrido entre o cliente saber o que você faz e querer comprar de você. Você ainda precisa vender.

Claro, o problema é que advogados, eletricistas e consultores não são vendedores; são advogados, eletricistas e consultores. Para eles, a venda é uma coisa feita por vendedores.

Essas pessoas inteligentes podem aprender a fazer a contabilidade (como faria um contador), a contratar e treinar funcionários (como faria um profissional de RH) e a lidar com reclamações dos consumidores (como faria um representante de serviços ao consumidor). Mas por alguma razão, esses mesmos proprietários de negócios brilhantes não acham que podem aprender a vender (como faria um vendedor).

Isso porque acreditam que aprender as leis e aprender a fazer manutenção elétrica é desenvolver uma habilidade, enquanto vendas relacionam-se a um tipo de personalidade. Para ter sucesso em vendas, você precisa ser carismático. Você precisa ser espontâneo. Você precisa saber convencer e saber como trabalhar um cliente. Precisam gostar de você. Vendas são o tipo de coisa que "ou você tem, ou não tem".

Esse é o mito em que muitos introvertidos acreditam. Eles desistem de vendas antes mesmo de começarem. Pensam isso porque, devido à sua personalidade, não são bons em vender. Então, em vez de aprender como vender, dedicam tempo e esforço em melhorar sua habilidade funcional e investem dinheiro em publicidade, na esperança de que essas duas coisas de algum modo eliminem magicamente o caminho a ser percorrido. "Construa e eles virão" pode funcionar no cinema, mas se essa é sua estratégia nos negócios, você só está contando os dias para fechar as portas.

Aqui vai mais um mito. Qual é o principal problema de que os pequenos negócios se queixam? Eles dirão que é encontrar clientes. Entretanto, depois de trabalhar diretamente com vários empreendedores e profissionais, de áreas como redação até os setores imobiliários e de treinamento pessoal, descobri que encontrar clientes não é o problema. Proprietários de negócios frequentemente estão escondidos atrás das mesas: eles não querem conhecer pessoas, fazer contatos, ir a eventos, pegar o telefone ou marcar reuniões. Eles não veem o valor de contatar antigos clientes em busca de indicações. E têm dificuldade para qualificar leads e reconhecer aqueles com maior potencial.

Não importa se você é o melhor coach vocal da Costa Leste. Se ninguém souber disso, como você pode esperar vender? Os proprietários de pequenos negócios e empreendedores nadam e nadam, só para deixar que seus sonhos morram a alguns metros da praia.

O problema são as vendas – mas é tão fácil consertar!

Trabalhar com milhares de proprietários de negócios, vendedores, empreendedores e profissionais me ensinou três verdades:

1. Vendas são uma habilidade que qualquer pessoa pode aprender;
2. Qualquer um pode criar um processo de vendas;
3. Munidos desses dois fatos, introvertidos se tornam os melhores vendedores.

As pessoas estudam por anos para se tornarem médicas e advogadas, saindo de pós-graduações com centenas de milhares de dólares em dívida. Eu dizia à minha equipe de vendas que, se dedicassem apenas duas semanas para aprender meu sistema de vendas básico, poderiam ganhar retornos de seis dígitos – sem o tempo e sem a dívida. Frequentemente, via a expressão "é bom demais para ser verdade" em seus rostos ou ouvia: "Como você tem tanta certeza de que isso vai funcionar comigo?"

Foi desta forma que resolvi as dúvidas deles.

BATENDO EM 93 PORTAS

Quando John teve que fechar as portas de seu negócio imobiliário, não tentei descobrir por que o negócio tinha fracassado. Eu estava preocupado demais com o que eu ia fazer. Ali estava eu, me formando na escola e sem nenhum plano de vida. Como eu ia ganhar dinheiro, que dirá começar uma carreira?

Dizem que a necessidade é a mãe da invenção. Esse foi o meu caso. O fracasso de John como agente imobiliário me deixou sem dinheiro e sem perspectivas a poucas semanas do Natal. Enquanto o resto dos meus amigos estava celebrando as festas de fim de ano, eu estava desesperado à procura de alguma coisa – qualquer coisa – que gerasse renda.

Na Austrália, o Natal cai no meio do verão; por isso, são férias de verão e feriados de fim de ano, tudo junto. Do meio de dezembro até em torno do meio de janeiro, qualquer pessoa importante está de férias. Então, conseguir qualquer tipo de emprego decente nessa época é quase impossível.

Não tinha muitas opções. Eu já havia adiado os planos de ir para a faculdade, e não podia dizer a meu pai, que trabalhava oitenta horas por semana, que eu não tinha um emprego. Procurei nos jornais (isso foi bem antes de tudo passar a ser publicado na internet). O único emprego que eu consegui encontrar foi de vendedor de porta em porta. A perspectiva de trabalhar em uma posição dessas faria a maioria das pessoas sentir medo.

Para mim, era um terror absoluto.

Eu não gostava de falar com pessoas, tanto quanto John. Anos me sentindo o garoto atrasado na escola tinham reduzido minha autoconfiança a quase nada. Eu era ridicularizado por causa dos óculos com lentes coloridas para corrigir minha síndrome de Irlen (como mencionei antes, um transtorno de processamento visual, frequentemente mal diagnosticado como dislexia) e da acne terrível. Eu me lembro de um dia em que estava jogando basquete e a bola me atingiu na cabeça, estourando uma de minhas espinhas. A situação machucou mais que a pancada.

Para um garoto com problemas de aprendizado, acne desfiguradora e aparelho dentário, ter como única opção de emprego abordar estranhos completos tentando oferecer a eles planos de telefonia... Era o equivalente a pesadelos.

Eu não tinha a personalidade expansiva daqueles vendedores "naturais" que imaginamos. Eu não conseguia ligar a alegria e o charme no momento em que cruzava a porta de um possível cliente. Na época, era difícil reunir confiança para tomar a iniciativa em um grupo de amigos, imagine com um estranho.

Além disso, eu não tinha a disposição mental para vendas. Apesar de meu traço empreendedor, eu não vinha de uma família de empreendedores espontâneos. Todos os pais em meu bairro de classe operária iam trabalhar, batiam ponto e voltavam para casa. Sair para encontrar novos clientes era um conceito inédito para mim.

Em resumo, eu era a última pessoa que você esperaria seguir carreira em vendas. Mas eu não tinha escolha: eu tinha que fazer isso, o que significava descobrir como vender, mesmo que eu não tivesse nenhum dos ingredientes para ser bem-sucedido em vendas.

Essa empresa de vendas em especial era um desses lugares onde se recebia apenas por comissão. Meu gerente costumava dizer que eles jogavam lama na parede e esperavam para ver o que grudava. (Não é muito divertido quando você é a lama.) Como eu apareci de terno e gravata, fui posto imediatamente no grupo de vendas de pequenos negócios. O "treinamento de vendas" consistiu em três dias nos quais aprendemos sobre os diferentes produtos de telefonia e pacotes que a Ozcom vendia. Depois disso, meu supervisor me disse para sair e vender. Foi isso. Nenhuma coordenação, nenhuma dica, nenhuma ajuda – só vá e venda.

Sinceramente, eu esperava que toda loja que eu entrasse me mandasse embora ou ir para o inferno. Sendo esse o caso, achei que seria mais fácil se eu fosse a um lugar onde havia muitas lojas. Assim, eu não teria que entrar e sair do carro o tempo todo. Quando fosse chutado para fora de uma loja, não ia ter que andar muito para entrar em outra.

Foi por isso que escolhi a Sidney Road, uma espécie de rua principal. Estacionei no fim de uma série de lojas, saí do carro e olhei para as dezenas e dezenas de negócios. Ali estava eu, com o único terno que tinha e que havia me conseguido uma posição de vendas empresariais: um terno de poliéster preto tão barato que brilhava ao sol, uma camisa verde-limão horrível e uma gravata vermelha. Eu parei no meio-fio, olhando para a longa fileira de lojas, todas as quais já tinham planos de telefonia.

Engoli em seco e fui até a primeira, e estava abrindo a porta quando a compreensão me atingiu: eu não tinha ideia do que devia dizer! Eles tinham me ensinado sobre o que eu estava vendendo, mas deixaram de me ensinar *como vender*.

Noventa e duas. Foram quantas vezes me disseram "Não", "Vá embora", "Não estou interessado" ou (minha favorita) "Vá arranjar um emprego *de verdade*!". Noventa e duas vezes eu saí pensando: *Que diabo estou fazendo com a minha vida?*

Finalmente, perto do fim do dia, entrei na porta número 93… E vendi um plano de telefonia! Fiquei em êxtase. Eu tinha enfim feito uma venda. Saí por aquela porta com a cabeça erguida, já gastando mentalmente minha comissão de 70 dólares até que… Tive uma visão terrível. Eu olhei para as dezenas de outros negócios que ainda tinha que visitar naquela rua e pensei em ter que fazer tudo aquilo outra vez no dia seguinte. E no outro dia. E então no dia depois desse.

DEVE HAVER UM JEITO MELHOR

Descobri que as pessoas, quando se deparam com um problema como esse, fazem uma de duas coisas. Ou desistem ou redobram seus esforços. Como eu disse, ir embora não era uma opção. Eu odiava aquilo, mas não havia como dizer ao meu pai – trabalhando de oitenta a cem horas por semana só para cobrir as despesas – que eu tinha desistido depois do meu primeiro dia no emprego. Tinha prometido a ele que ia me sustentar como ele tinha feito por nós por todos aqueles anos. Não havia como não cumprir essa promessa. Mas eu também sabia que não era um bom vendedor. Só enfrentar a tarefa e trabalhar duro não ia adiantar. Tinha de haver um jeito melhor. Eu tinha de encontrar um jeito de fazer aquilo funcionar.

A maioria das pessoas pode pegar um livro sobre vendas para ter algumas ideias. Para mim, livros eram uma tortura. Como eu disse, devido à minha síndrome de Irlen, eu tinha me formado com a velocidade de leitura de um aluno do sexto ano. Eu levava meses para terminar um livro, e não tinha tanto tempo. Eu precisava fazer uma venda no dia seguinte.

Naquela noite, assim que cheguei em casa, dei um Google em "como vender". Fui parar no YouTube (na época, era um site bem recente), onde Brian Tracy e Zig Ziglar, assim como outros, haviam publicado alguns vídeos de treinamento de vendas. Eu os assisti até enfim ter que ir dormir.

No dia seguinte, tentei botar alguma coisa do que eu tinha aprendido em prática. Em vez de 92 nãos, tive que enfrentar apenas 72 antes de conseguir um sim. Naquela noite, assisti a mais vídeos. No dia seguinte, peguei o que tinha funcionado para mim nos dois dias anteriores, acrescentei o que tinha aprendido na noite anterior e consegui um sim na porta número 48.

Eu continuava fazendo o que parecia estar funcionando e abandonava o que não estava. Por exemplo, em vez de fazer minha apresentação para a primeira pessoa que encontrasse, eu dizia: "Estou aqui em nome da Ozcom. Estamos experimentando um novo pacote econômico na sua área. Você é a pessoa certa com que devo falar?" Assim, eu falava com o verdadeiro tomador de decisões em vez de ser dispensado por um caixa.

Quando eu chegava ao gerente, em vez de falar sobre nossos produtos, eu perguntava sobre sua última conta de telefone, então sacava uma calculadora, examinava os números e mostrava a ele o quanto teria economizado se nós tivéssemos sido seu provedor naquele mês em vez de outra empresa. Logo, eu concluía uma venda a cada dez lojas em que ia – e depois uma a cada cinco. Ou seja, fui de uma taxa de sucesso de 1% para 20%; eu fiquei *vinte vezes melhor* em questão de semanas.

Eu não improvisava. Não conseguia simplesmente pegar o fio da conversa de outra pessoa e entrelaçá-lo com meu pitch de vendas. Tudo o que eu sabia fazer era quase sempre a mesma coisa a cada vez que eu passava por uma porta. Eu tinha criado uma espécie de processo com um propósito, e me agarrava a ele como se valesse a minha vida.

Quando comecei a trabalhar nessa empresa, os vendedores veteranos nem me notavam. Eles estavam ocupados demais conversando sobre o quanto o mercado estava ficando saturado e como estava cada vez mais difícil ganhar dinheiro. Muitos vendedores tinham ido embora, e até os melhores estavam falando em fazer a mesma coisa. Eu era o garoto calado que ficava sentado no fundo da sala enquanto eles trocavam histórias, riam e davam tapinhas nas costas uns dos outros. Mas, após algumas semanas, meus resultados começaram a superar os desses veteranos de vendas. Eles não conseguiam acreditar que aquele adolescente introvertido estivesse vendendo mais que eles. Alguns até desconfiavam que eu estivesse de algum modo trapaceando.

Eu comecei a superar em vendas todas as pessoas da minha equipe. Em questão de meses, eu era o melhor vendedor da empresa (que por acaso era a maior empresa de vendas e marketing do Hemisfério Sul). Então a empresa me promoveu para gerente de vendas.

Como eu deveria treinar outros vendedores? Tudo o que eu sabia fazer era o que estava fazendo. Então foi isso o que fiz: mostrei a todo mundo a rotina que eu usava. Os vendedores "natos" ignoraram meu treinamento, confiando em suas personalidades extrovertidas. Eles continuaram a experimentar a montanha-russa das vendas: algumas semanas eram ótimas, outras, péssimas. Os introvertidos da equipe, porém, seguiam meu método como uma religião. Como eu, antes deles, estavam morrendo de medo; não tinham ideia do que dizer para fazer um possível cliente comprar serviços de telefonia.

Então, uma coisa estranha aconteceu: todos os introvertidos começaram a vender mais que os extrovertidos. Talvez não todo dia, mas com certeza toda semana. Um extrovertido podia superar um introvertido de vez em quando se estivesse em seu melhor momento, mas semana após semana, mês após mês, os introvertidos derrotavam com facilidade seus colegas com o dom da fala. Contrariando todos os mitos e crenças, descobri que introvertidos são os melhores vendedores.

Eis o que eu não sabia na época: as vendas dos extrovertidos estão diretamente conectadas com sua personalidade e até com seu estado de ânimo. Quando tudo ao redor vai muito bem, eles vendem bem. Mas adicione estresse e negatividade em sua vida pessoal, como uma briga com um amigo ou o planejamento de seu casamento, e isso arruinará as vendas.

Introvertidos, por outro lado, contam apenas com o sistema. Independentemente de como se sentem ou do que está acontecendo em volta, eles se aferram ao plano e repetem os resultados, venda após venda. Claro, introvertidos experimentam os mesmos fatores de estresse que seus pares extrovertidos. Eu me lembro de muitas reuniões pela manhã nas quais minha equipe introvertida compartilhava suas lutas, planos ou preocupações, mas então saía e alcançava os mesmos resultados dos dias em que tudo estava indo bem.

ALEX SE TORNA UMA FORÇA DE VENDAS

Como no caso de Alex Murphy.

Vamos avançar mais de uma década depois de meu emprego em vendas de porta em porta. Após trabalhar com milhares de vendedores e donos de negócios, eu aperfeiçoei meu processo. Eu tinha um segredo para transformar um profissional do tipo introvertido, tímido ou "não entrei no negócio para ser vendedor" em um consultor de vendas de alto desempenho.

A princípio, eu não havia criado isso apenas para introvertidos. Mas descobri que introvertidos eram naturalmente atraídos na direção desse processo. Também descobri que vários donos de negócios são de natureza introvertida, em especial os proprietários de negócios com base em serviços. Eles não entraram no negócio para vender. Simplesmente queriam ter uma renda alta fazendo o que amavam, do jeito que queriam, quando eles queriam, em um negócio que girava em torno de sua família e sua vida (e não o contrário).

Agora que conheço os números, isso não deveria me surpreender. Estudos nos Estados Unidos mostram que introvertidos naturais representam de um terço a metade das populações pesquisadas – e culturalmente, os Estados Unidos são uma das nações mais extrovertidas do mundo. (A Finlândia é a menos.) Mas há uma coisa ainda mais interessante: dentre os pesquisados, mais da metade se identificava como introvertida. Em outras palavras, há muitas pessoas que não são naturalmente introvertidas, mas acreditam ser.

Quando ajudei Alex a criar o próprio sistema de vendas em torno de sua personalidade introvertida, tudo se encaixou. Eu não tentei ensinar a ele truques de vendas, a ser insistente ou agressivo, ou como usar "jiu-jitsu verbal" para convencer seus clientes a comprar. Simplesmente dei a ele uma série de tarefas – uma checklist, se preferir – que fazia sentido intuitivo. Em vez de tentar fazer Alex agir como um extrovertido (uma tarefa impossível e que teria feito com que ele não se sentisse autêntico), eu o ajudei a criar uma rotina que funcionava com sua mentalidade analítica e focada nos assuntos.

Mais importante, eu o ajudei a entender como melhorar continuamente essa rotina. Seria inútil entregar a ele algo que funcionasse apenas para o tamanho de seu negócio naquele momento ou apenas para um tipo de cliente. Em qualquer empresa, enquanto ela cresce e evolui, os tipos de clientes e projetos também mudam. Se eu tivesse ensinado Alex a vender apenas para freelancers à procura de vídeos testemunhais, por exemplo, ele não estaria preparado para fazer vídeos de programas para Ryan Moran, um dos maiores profissionais de marketing na internet, nem vídeos de treinamento para a gigante da tecnologia Oracle (os dois são atualmente seus clientes). Você precisa de um sistema que possa se adaptar à medida que as circunstâncias mudam.

Para começar, ensinei Alex sobre a importância de estabelecer um relacionamento com os possíveis clientes. Em vez de ir direto aos negócios, ele tinha à mão dois ou três assuntos genéricos para conversas despretensiosas.

Vamos parar um momento nesse ponto. Isso pode parecer o completo oposto do que eu disse apenas alguns momentos atrás. Nós, introvertidos, normalmente odiamos jogar conversa fora e, como você já viu, Alex não era exceção. Ser espontâneo e se abrir – mesmo um pouco – é como arrancar um dente.

Mas essa é a diferença do que eu fiz com Alex: nós tiramos a espontaneidade da coisa. Ele não precisa pensar em alguma coisa, tentar encontrar uma foto no escritório do cliente sobre a qual perguntar, ou acompanhar o que quer que o possível cliente diga. Ao ensaiar três tópicos diferentes, Alex não precisa ser espontâneo, nem precisa esperar por aquelas pausas longas enquanto ele e o cliente em potencial procuram um ponto de equilíbrio verbal. Ele agora chega em uma reunião já preparado para iniciar – e, mais importante, *controlar* – a conversa. Estabelecer uma relação não é mais uma demanda nem um mal necessário. É uma coisa a fazer: uma tarefa para a qual Alex está relaxado e preparado porque já sabe como funciona.

(Você já conheceu um comediante na vida pessoal? A maioria não é nem de longe tão engraçada quanto é no palco. Lá em cima, eles ensaiaram até que suas piadas saíssem naturalmente – mas há muita preparação para fazer com que pareçam dessa maneira.)

Para mim, a rotina se tornou apenas apertar o botão play: "Uau, que bom que cheguei na hora. O trânsito estava horrível! Quanto tempo você leva para vir de casa para o trabalho?" Eu sigo meu roteiro, apertando a pausa nos momentos apropriados e, quando termino, pego a papelada para assinar o contrato da venda.

Às vezes, me imaginava como o robô de *Short Circuit: o incrível robô*. Eu só selecionava o programa certo e digitava "executar"; como um computador, as coisas rodavam virtualmente da mesma maneira toda vez.

Porém, não quero que você simplesmente ensaie falas como um robô.

No episódio "O cunhado de Emmett", do *Andy Griffith Show*, o faz-tudo Emmett Clark tem uma pequena oficina de reparos e está bem satisfeito com a vida. Isto é, até seu cunhado – um vendedor de seguros com o dom da palavra – chegar para uma visita. A esposa de Emmett o pressiona a largar a oficina e se tornar um vendedor de seguros também.

O cunhado faz com que Emmett memorize o mesmo discurso persuasivo que ele usa. Emmett tenta vender para alguns moradores de Mayberry declamando o discurso, mas fracassa terrivelmente. O episódio termina com a esposa de Emmett o encontrando de volta a sua bancada de trabalho, consertando alegremente uma torradeira.

Emmett não deixou de vender porque era um mau vendedor. Ele fracassou porque foi forçado a fazer um discurso que não o refletia autenticamente. Apenas não funcionava.

Eu não dei a Alex frases para ensaiar. Ele decidiu que assuntos de conversa funcionavam para ele, então ensaiou falar sobre eles até que isso se tornou algo natural.

Esse é um ponto crucial: não estou dizendo que você deve decorar frases (como fez o cunhado de Emmett); em vez disso, estou ajudando você a criar ferramentas verbais de vendas para escolher e utilizar com habilidade em qualquer situação à sua frente.

Em menos de doze meses, Alex foi de estar preocupado em fechar as portas a estar no caminho para ganhar um milhão de dólares em faturamento anual, trabalhando quase exclusivamente em vendas para empresas. Hoje, vender não é mais um mal necessário, mas, acredite se quiser, é uma parte *agradável* de seu negócio.

7 PASSOS PARA A VANTAGEM DOS INTROVERTIDOS

Eis a vantagem em vendas que nós, introvertidos, temos em relação a nossos pares extrovertidos: nós não contamos com a nossa personalidade. Na falta de talento natural, precisamos contar com um processo. E a longo prazo, o processo supera a personalidade. Sempre.

Ao apresentar meu processo de vendas para introvertidos, não vou fingir que criei um sistema revolucionário. Se você é um estudante de literatura de vendas, deve reconhecer quase todos os insights e conselhos que apresento. As pessoas estão vendendo há milênios; as pessoas entendem vendas como uma profissão há pelo menos um século. Na verdade, não vou dar a você nenhum sistema de vendas; vou dar a estrutura para que você crie o seu.

E essa é a beleza da coisa.

Com os princípios que apresento a cada passo, junto com insights e conselhos criados do ponto de vista de um introvertido para outros introvertidos, você vai ter as ferramentas para criar um sistema de vendas que funcione para seu negócio; que você pode modelar sob medida para sua clientela, seus produtos e serviços em particular; que pode evoluir e se adaptar com o tempo; e, mais importante, que seja verdadeiramente seu.

Deixe-me alertar: fazer vendas desse jeito não funciona 100% das vezes. Nada funciona. Você vai ter clientes esquisitos ou situações estranhas. Mesmo depois de aperfeiçoar seu processo, nunca vai conseguir fechar todas as vendas. Um objetivo realista é criar um sistema que possa gerar um resultado bem-sucedido em aproximadamente 80% das situações de venda. Em outras palavras, a grande maioria das vendas.

Não estamos mirando a perfeição, mas o progresso.

Antes de mergulharmos nos sete passos, porém, vamos olhar para eles de longe para que você possa ver como as peças se encaixam.

Primeiro, estabeleça confiança e forneça uma pauta. "As pessoas não se importam com o quanto você sabe, até saberem o quanto você se importa." É um clichê, mas também é verdade. Uma das razões para *Como fazer amigos e influenciar pessoas* ser um clássico duradouro é que os conselhos de Dale Carnegie são eternos: comece se conectando com o outro em um nível pessoal. Mesmo a menor conexão emocional pode ser suficiente para ajudar seus clientes a baixarem a guarda e verem você como uma pessoa (não apenas como um vendedor desesperado). Se um cliente em potencial não confia em você a um nível básico, então não vai acreditar em nada do que diz. Sem confiança, você não tem nada além de uma batalha para travar.

Quando estabelece um relacionamento, você precisa traçar o caminho. Uma vez trabalhei com um vendedor veterano que era bom em estabelecer um relacionamento inicial, mas, depois disso, partia direto para os negócios. Você já esteve em uma aula ou seminário em que não sabia aonde a pessoa na frente da sala queria chegar? Parecia que ela tinha algo a dizer – ou pelo menos estava prestes a fazer isso –, mas o tempo parecia se arrastar?

As pessoas gostam de saber para onde uma conversa está indo, especialmente em uma reunião de vendas. Ensino as pessoas a estabelecerem um mapa simples. Você precisa dizer à pessoa do outro lado da mesa (ou do telefone) a razão de estar prestes a fazer uma saraivada de perguntas e como isso vai ajudá-lo a ajudá-la. Parece simples, mas eu nunca deixo de me surpreender com a diferença que isso faz para os clientes. Quando eles entendem os objetivos básicos da reunião, relaxam visivelmente. Eles podem relaxar na cadeira por alguns minutos, sabendo que você está no controle e que você tem um plano. E quando bem feito, entendem que o que você está perguntando foi projetado para ajudá-los, então ficam satisfeitos em responder minuciosamente.

Segundo, faça perguntas investigativas. É difícil para nós, donos de empresa, nos vermos como os clientes em potencial nos veem. Nós entendemos o que vendemos. Para nossos clientes em potencial, porém, somos apenas mais uma commodity tentando faturar. Apesar de muitos conselhos contrários, a maioria dos vendedores vai para uma reunião e, em poucas palavras, diz: "Isto é o que eu vendo. Você quer comprar?" E se isso é o que os profissionais de vendas fazem todos os dias, é possível imaginar a frequência com que esse crime é cometido por proprietários de negócios e profissionais autônomos, especialmente aqueles que são introvertidos.

Não diga a eles o que você vende. Em vez disso, tenha uma lista de perguntas prontas para ajudá-los a encontrar seus problemas específicos. Como um médico examinando um ferimento, você precisa examinar os problemas específicos de seu cliente até encontrar o sangramento. Então, ponha o dedo na ferida: mostre os custos de não comprar em termos que signifiquem algo para eles. Eles estão preocupados com segurança? Estão preocupados em não ter tempo para os companheiros? Dar uma vida boa para os filhos? Esse é seu verdadeiro problema.

E se eles não quiserem se abrir com um estranho (compreensivelmente), conte histórias de clientes como eles que tiveram problemas semelhantes. Com frequência, você vai vê-los começar a assentir, porque experimentaram as mesmas coisas.

Terceiro, fale com quem toma as decisões. Você já esteve em uma situação de vendas em que a pessoa estava assentindo a cada palavra sua? Na qual você pensou: *Uau, isso está indo muito bem! Já estou com essa no papo!* E quando você estava pronto para fechar o negócio, a pessoa disse: "Ah, não, não posso tomar essa decisão. Tenho que falar com meu [marido, esposa, chefe, investidor, sócio, comitê etc.]." Já aconteceu comigo muitas vezes. É tão frustrante ficar cheio de esperança, só para tomar um banho de água fria quando percebe que não está sequer falando com a pessoa certa. Por isso, você precisa descobrir primeiro se está realmente em uma reunião de vendas ou se ainda está tentando conseguir uma.

Quarto, venda com storytelling. Depois que você terminou sua lista padrão de perguntas e descobriu qual o maior problema do cliente em potencial, ajude-o a ver o quanto sua vida/negócio/carreira/relacionamento/etc. poderia estar melhor... Se ele tivesse o que só você pode oferecer.

Vendedores experientes vão lhe dizer para "vender os benefícios do produto, não suas características". O problema é que hoje em dia todo mundo vende os benefícios. E os clientes estão mais céticos e informados do que nunca. Eles podem comparar você com seus concorrentes com apenas alguns cliques no mouse. Então, em vez de lhes vender uma solução, conte uma história – uma das que você tenha preparadas e ensaiadas – de como um de seus antigos clientes era como ele (talvez), como quase resolveu não trabalhar com você, mas decidiu ir em frente mesmo assim, e como teve o resultado exato que esperava.

Em essência, conte a eles uma história que os ajude a ver a magia transformadora do produto ou serviço que você está vendendo.

Quinto, responda às objeções com storytelling. Todos nós já ouvimos o ditado: "O cliente tem sempre razão!" É inútil discutir com um cliente. Você não ganha. Além disso, como introvertidos, normalmente recuamos de um confronto direto. Não queremos parecer insistentes. Então, como Alex Murphy pode se manter fiel à sua natureza e mesmo assim superar as objeções de um cliente?

Mais uma vez, com storytelling.

Ele não conta aos clientes por que estão errados ou como o raciocínio deles não se aplica. Ele não os pressiona a uma venda ou tenta algum truque para levá-los em uma direção. Ele simplesmente conta uma história – mais uma vez, preparada de antemão para que saia naturalmente – de um cliente que tinha a mesma objeção ou questão. "Mas então", começa Alex, e entra na parte da história que lida com esses medos ou preocupações e descreve os grandes resultados que o cliente experimentou por causa da decisão que tomou.

Você pode argumentar usando lógica e fatos, mas essa não é uma posição em que você quer estar com seus possíveis clientes. Já ouviu o ditado "Ganhe a luta, perca a venda"? Você busca desarmá-los, ajudá-los a baixar suas guardas. Contar uma história muda a conversa de um sim/não para "Isso foi o que aconteceu quando..." e para a concessão. Você está tratando de suas preocupações sem dizer a eles que estão errados. Eles podem discordar com lógica, podem discordar do resultado que acreditam que vão ter, mas não podem discordar do resultado da pessoa em *sua* história.

Sexto, afira a temperatura deles. Técnicas de venda tradicionais dizem que você tem que "pedir pela venda". Ao mesmo tempo que concordo que essa é a maneira certa de agir com algumas pessoas, também sei que uma pergunta direta como essa pode botar as pessoas imediatamente na defensiva. Elas não querem sentir que você as está pressionando a tomar uma decisão. E mais uma vez, como introvertido, eu não gosto de pedir. Não quero agir de forma agressiva; isso faz com que eu me sinta desconfortável. Simplesmente não é da minha natureza.

Em vez disso, use uma tentativa de conclusão. Para Alex, criamos uma pergunta natural como "Então, o pacote A ou o B funcionaria melhor para você?".

Com isso, se os clientes em potencial ficam resistentes na hora, Alex pode dizer: "Não, não, só preciso explicar o processo exato que vamos seguir e como tudo vai funcionar, e para fazer isso preciso saber qual seria a melhor orientação para você." Isso frequentemente faz com que os clientes sintam como se *eles* tivessem se adiantado, e vão se sentir obrigados a escutar mais. Isso também mostra a Alex que ele ainda não está pronto para a venda e que precisa descrever mais seus serviços, fazer mais perguntas e contar outras histórias antes de experimentar uma nova tentativa de conclusão. Com esse processo, os clientes em potencial não têm de levantar a guarda, porque Alex só estava tentando "entender".

Se, por outro lado, eles responderem positivamente, então Alex sabe que estão prontos para seguir em frente com a venda. É um jeito fácil de deixar os clientes dizerem a ele se estão prontos ou não, e tira de Alex toda a pressão de ser um vendedor insistente.

Sétimo, tome a venda como certa. Mesmo quando eu sentia que estava com o negócio fechado (por exemplo, depois de uma tentativa bem-sucedida de conclusão), eu ainda não gostava de "pedir pela venda". Em meus dias de ir de porta em porta para a empresa de telefonia, eu simplesmente comecei a agir como se já a tivesse concluído. Depois de ver que os clientes estavam prontos, eu dizia: "Agora, eu só preciso ter certeza de que você está qualificado para esse pacote: o senhor tem um ABN?" (O equivalente australiano ao número de identificação de um trabalhador – digamos, o número do seguro social da empresa.) Quando eles diziam sim, eu dizia: "Fantástico. Se importa de pegar para mim?"

Eles nunca tinham isso em mãos, então tinham que sair para buscar. Quando voltavam ao escritório, eu já estava preenchendo a papelada. Sim, era simples assim.

Em suma, eu nunca dava a eles a oportunidade de dizer não. Quando a tentativa de conclusão me indicava que eles estavam prontos, simplesmente presumia que queriam seguir em frente. Eu dava a eles um jeito fácil de dizer sim, uma tarefa para dar o passo seguinte, e então eu considerava a venda fechada a menos que eles me dissessem o contrário.

Por último, e mais importante, aperfeiçoe o processo. Essa é a pedra angular de toda minha abordagem de vendas. Enquanto a maioria dos profissionais de vendas se concentra em tentar ganhar toda venda individual, eu tenho uma abordagem diferente.

Vejo vendas como a linha de produção de uma fábrica. Quando a fábrica começa a produção, os primeiros produtos da linha provavelmente serão horríveis. À medida que engenheiros e operadores ajustam o processo, a qualidade dos produtos fica cada vez melhor. Em determinado momento, a linha estará funcionando com máxima eficiência. Mesmo assim, o controle de qualidade estatístico dirá que os produtos não vão ser idênticos. Haverá uma margem de desvio aceitável em relação ao original. Produtos fora dessa margem serão descartados. Engenheiros inteligentes vão continuar a mexer na linha, mas mudarão apenas uma coisa de cada vez. Eles vão tentar velocidades diferentes, operadores diferentes da linha e diferentes matérias-primas para ver se cada mudança aumenta ou reduz a qualidade geral dos produtos.

Quando Alex vai para uma reunião de vendas, ele não está concentrado na venda individual, assim como um engenheiro não se concentra em uma única ferramenta. Como o engenheiro, Alex toma uma perspectiva ampla: como está o desempenho geral do *sistema*?

Ele sabe que certo percentual de suas ligações ou visitas não levarão a uma venda. Ele *espera* falhar. A diferença de antes é que ele sabe que isso é parte natural da linha de produção: um número X de produtos terá defeito; um número X de reuniões vai dar errado.

Então Alex não tenta fechar todas as vendas. Ele tenta melhorar seu sistema. Se ele melhorar sua "fábrica de vendas", digamos assim, os resultados vão aparecer sozinhos.

Independentemente do resultado, depois de cada reunião de vendas, ele a examina. Ele se aferrou a seu processo? Alguma coisa inesperada aconteceu? Ele descobriu alguma nova objeção para a qual devia preparar uma história? Eles riram de suas piadas? Ele precisa ensaiar mais como dizer determinada frase? Como o cliente em potencial pareceu reagir a X, Y e Z? Se ele tentou alguma coisa diferente dessa vez, isso pareceu compensar?

Ele está sempre experimentando e melhorando seu processo de vendas. E mais, isso tira totalmente a pressão sobre ele; ele está apenas experimentando. As vendas não são mais um reflexo de sua personalidade – são um processo externo.

Não é surpresa que ele esteja perto de atingir um milhão de dólares em vendas. Mais importante, porém, ele recuperou a confiança. Ele não está mais preocupado se a Golden Arm Media está prestes a fechar as portas. Ele está vivendo seu sonho.

Mas uma coisa é fazer as pessoas comprarem um plano de telefonia que custa centenas de dólares ou um serviço profissional que custa milhares. Quero mostrar a você como duas empresárias da área tecnológica estão usando minha abordagem para convencer capitalistas de risco a investirem milhões em coisas que ainda nem existem.

2

defina a cena

(PRIMEIRO PASSO: CONFIANÇA E OBJETIVOS)

Se as pessoas gostarem de você, elas vão escutá-lo. Mas se elas confiarem em você, farão negócios.

– Zig Ziglar

Beth e Amy não tinham o problema de Alex em estabelecer um relacionamento. Essas duas mulheres criavam soluções tecnológicas para empresas da Fortune 500 e foram até parte da equipe que abriu o capital de uma empresa de tecnologia. Conhecer gente nova, apresentar novas ideias e convencer as pessoas de seu jeito de pensar era parte integrante da carreira delas.

Elas fundaram uma empresa de tecnologia educacional antes que as startups educacionais estivessem em voga. Depois de criá-la do zero, elas começaram a procurar investidores para ajudá-las a lançar sua plataforma globalmente. Elas andavam pelos círculos de capital de risco e, de suas experiências anteriores, tinham contatos no mundo dos ativos privados. Elas tinham relacionamentos pré-existentes com muitas dessas pessoas; com isso, criar um relacionamento não era problema. Então qual era o problema delas?

Confiança.

Não no sentido de não serem confiáveis, mas de um jeito "essas pessoas não inspiram confiança". Quando elas chegavam diante de um investidor em potencial, perdiam a estabilidade. Ficavam tão emocionalmente envolvidas com o desejo de conquistar *esse* investidor que seus cérebros racionais eram superados pelo medo de não concluir a venda (ou, para ser mais preciso, o investimento).

Uma coisa é você fazer uma apresentação para investidores representando seu empregador; outra coisa é quando você faz isso em benefício próprio. Essa empresa de tecnologia educacional era o bebê de Beth e

Amy. Elas a haviam sonhado, criado e alimentado. Quando o produto é sua paixão, é difícil (quase impossível, na verdade) se afastar totalmente do aspecto emocional.

Além disso, quando foram apresentadas a mim, elas tinham praticamente esgotado sua rede de contatos. Tinham escutado tantos nãos que ficaram temerosas. E, além disso, estavam quase sem dinheiro e sua energia estava se esgotando. (Já experimentou algo parecido? Eu já.)

A edição de abril de 2012 da *Scientific American* inspecionou inúmeros estudos sobre as causas da ansiedade. Pesquisadores observaram que qualquer estresse percebido, seja o ataque de um urso ou a perspectiva de falar em público, dispara o mesmo tipo de resposta fisiológica. O resultado: encolhimento do córtex pré-frontal enquanto nosso corpo passa a operar no modo luta ou fuga. Essa é a parte do cérebro que permite o pensamento abstrato, o pensamento racional, memória de curto e longo prazo, "controle social" e mais. Simplificando, quando estamos estressados, a parte inteligente do nosso cérebro fica entorpecida.

Desconfio que seja por isso que a dupla tinha um desempenho tão bom em um ambiente contido, mas perdia o sentimento de autoconfiança quando fazia uma apresentação para pessoas que podiam dar vida ou não a seu bebê, assinando um cheque.

Metade do Primeiro Passo é confiança. Alex não tinha nenhum problema para estabelecer sua credibilidade; ele sabia como entregar e podia demonstrar seu conhecimento com clareza. Beth e Amy, porém, vendiam algo menos concreto. Além disso, o risco era muito maior – milhões de dólares maior.

Elas sentiam essa pressão. Isso, junto com outros fatores de estresse, provoca o caos com o psicológico de qualquer pessoa. Quando se levantavam para fazer seu pitch, era quase como se elas se autossabotassem. Sim, pedir alguns milhões de dólares para alguém deixa as pessoas nervosas – em especial se você tivesse ouvido não tantas vezes quanto elas tinham –, mas esse sentimento se multiplica para os introvertidos. Na verdade, estudos mostraram uma correlação entre introversão e ansiedade. Extrovertidos literalmente não ficam tão ansiosos como nós. (Sorte deles.)

Não é surpresa que duas introvertidas tenham atrapalhado a si mesmas enquanto tentavam ganhar milhões de dólares para um produto educacional que, para elas, era mais que uma empresa – era uma causa, uma missão de vida. Os executivos para quem elas o apresentavam, porém, estavam acostumados a ouvir que a startup de uma pessoa era "o próximo Twitter". A aparente falta de confiança da dupla em si mesma parecia uma falta de confiança no produto. Elas tinham ótima mídia, histórias incríveis de sucesso, experiência impressionante e uma boa apresentação, e mesmo assim exalavam desespero. Quem quer que estivesse diante delas era a última esperança.

Essa não é a imagem mais inspiradora para um capitalista de risco.

O TED Talk de Rachel Botsman em 2012 destaca o quanto a confiança é essencial para os negócios atuais. Se você quer fazer negócio com alguém ou realizar uma grande aquisição, eles precisam confiar em você. Ou seja, você precisa de uma certa quantidade de capital social investido em uma pessoa antes que possa usufruir disso. No mundo do capital de risco, ter fé nos líderes e na equipe de gerenciamento de uma startup é cada vez mais importante à medida que mais startups disputam o mesmo reservatório de dinheiro. Afinal de contas, um capitalista de risco precisa ter confiança de que você não apenas irá fechar o acordo com ele, mas que também pode fechar com mais dez grandes clientes para que consiga recuperar o investimento que ele fez e seguir trazendo mais dinheiro.

Beth e Amy precisavam reduzir a ansiedade para poderem projetar mais confiança nas reuniões, ficar relaxadas em vez de se sentirem na defensiva e se concentrar em conquistar aquela sensação inicial de confiança.

O PODER DA INDIFERENÇA VERSUS A IMPOTÊNCIA DO DESESPERO

Nós encaramos um pequeno problema que escondia um maior.

Primeiro, elas precisavam se afastar emocionalmente da apresentação de venda. É mais fácil dizer do que fazer, certo? É como conseguir um emprego: se você tem uma única entrevista marcada, então todas as apostas estão lá. Você precisa conseguir *esse* emprego, ou vai passar fome.

O mesmo era verdade para elas. Como em geral tinham apenas uma reunião de investimento marcada, todas as apostas estavam nesse encontro. Se elas não conseguissem *esse* investidor, estariam novamente sem nada.

Livros sobre carreiras muitas vezes aconselham a nunca ir para uma entrevista sem ter pelo menos mais duas marcadas. Assim, você sabe que mesmo que não consiga nessa, tem mais na manga. Para Beth e Amy, isso significava nunca ir para uma apresentação sem ter outra já organizada. Isso significava fazer mais trabalho e ter mais clientes em potencial à vista. Isso, por sua vez, significava sair de sua zona de conforto, procurar fora de seus contatos já estabelecidos, buscar apresentações, abordar capitalistas de risco sem que ninguém os apresente... E muito, muito networking. Não é uma coisa que qualquer introvertido goste de fazer.

Entretanto, nos telefonemas, elas não estavam tentando vender para investidores em potencial a ideia de sua empresa. (Para isso havia a apresentação.) Em vez disso, elas estavam apenas tentando despertar interesse suficiente para marcar uma reunião (para a qual elas já tinham um roteiro a seguir, ou seja, um processo).

Mesmo que isso significasse se reunir com clientes em potencial mais pela prática que pelo potencial, resultava em um benefício maior: elas sabiam que mesmo que a reunião daquele dia não desse certo, tinham outra no dia seguinte. Além disso, podiam contar de forma natural para cada investidor como tinha sido a apresentação da véspera ou da semana anterior, ou o quanto estavam esperando ansiosas por outra apresentação mais tarde naquele dia ou no seguinte. Isso divergia da aparência "estou quebrado e desesperado por seu dinheiro" à qual muitos investidores estão acostumados.

Elas costumavam botar esses investidores em um pedestal, mas observei que eles também são apenas pessoas. Às vezes brigam com o cônjuge, às vezes se esquecem de levantar a porta da garagem antes de dar ré, e às vezes suas meias não fazem par. Eles são apenas pessoas. Quando Beth e Amy se encontravam com eles, eu queria que elas os vissem como pessoas, não como deuses possuidores da chave dos portões para a salvação.

Tudo isso permitiu que se distanciassem de estar tão emocionalmente envolvidas na reunião à sua frente. Com menos preocupação e ansiedade em relação ao resultado de qualquer apresentação, a confiança e o equilíbrio natural delas se destacavam em cada reunião.

A tática também as ajudou a encarar o ato de ganhar investidores como um processo em vez de uma oportunidade fortuita. Em vez de torcer e rezar para que esse investidor visse a luz e assinasse um cheque, elas conseguiam ler o investidor com mais objetividade. Mesmo que ainda se preocupassem, é claro, elas não se preocupavam de forma tão fervorosa com nenhuma conversa.

Era como encontrar a válvula de escape da pressão. Quando tinham mais pessoas à espera nas coxias e uma quantidade crescente de possíveis ofertas, eu quase podia sentir a pressão diminuindo enquanto elas se preparavam para as próximas reuniões. Elas conseguiram relaxar, ter boas conversas e começar com o pé direito, e passaram a conquistar investidores... E não demorou muito para que tivessem *duas* ofertas de investimento de milhões de dólares.

Eu usei uma tática semelhante no treinamento de Meredith na IBM. Ela ganhava na faixa de seis dígitos, mas tinha o mesmo emprego havia anos. Adorava a cultura da IBM, mas estava frustrada por sempre ser deixada para trás em novas oportunidades e promoções.

O problema que vi foi que ela estava preocupada demais com a opinião de seu chefe. Se ele não quisesse promovê-la e ela o pressionasse agressivamente, ela se preocupava em ficar ainda mais marginalizada.

Eu a treinei para fazer entrevistas para outros empregos. Não que ela realmente quisesse sair, mas precisava de poder de negociação com seu empregador. Ela sabia que na verdade não queria outro trabalho, por isso estava desesperada. Sem o estresse de precisar de um emprego, ela não estava emocionalmente presa ao resultado. Nosso acordo, porém, foi que se outra empresa oferecesse a ela um aumento de pelo menos 10% e a IBM não cobrisse, ela teria que aceitar. Ela concordou e saiu atrás de entrevistas.

Ela me contou depois que, se estivesse desempregada ou diante de demissão, não conseguiria ter mantido a cabeça fria. Teria deixado que a situação afetasse seu julgamento. Ela foi para essas entrevistas "indiferente em relação a elas", disse.

Em pouco tempo, ela teve uma oferta do banco ANZ, o maior da Nova Zelândia e quarto maior da Austrália, com operações em trinta outros países. O ANZ ofereceu a ela um emprego dos sonhos com 12% a mais em seu salário.

Pela primeira vez em sua carreira na IBM, ela se encontrou com o chefe indiferente à opinião dele. Ela o informou de sua decisão, mas permitiu que a IBM fizesse uma contraproposta, se a empresa quisesse. Em uma semana, ela foi recomendada para a equipe de estratégia global e lhe ofereceram um aumento de quase 100 mil dólares.

Não, a história não é sobre como Meredith usou meu programa de vendas para se promover a um cargo muito maior (embora ela tenha usado elementos dele). Essa história se assemelha à de Beth e Amy no sentido de que serve para ilustrar como nós, introvertidos, ficamos sob estresse versus como ficamos quando temos opções. Ela mostra o que acontece quando um introvertido pode se dar ao luxo de estar indiferente.

O SISTEMA ESTÁ ACIMA DA VENDA

Perdoe-me se parece que estou batendo na mesma tecla, mas a história de Beth e Amy destaca a mensagem mais importante deste livro: concentre-se no sistema, não na venda.

Muitos, talvez a maioria, dos livros de vendas falam sobre as táticas que você deve usar enquanto está em uma venda: "Use o mesmo vocabulário que o cliente", "Imite seus maneirismos", "Diga o nome dele com frequência", "Pressione a venda!", e assim por diante.

Mas olhe para a mensagem subliminar dessa linha de pensamento: ela se concentra em conseguir *essa* venda. Ela diz: "Se não conseguir a venda, você fez alguma coisa errada; é culpa sua. Se você fizer tudo o que deve fazer, você vai conquistá-la."

Só que isso não é verdade. Não importa o quanto você seja bom, você nunca vai converter 100% dos clientes em potencial. Eu gostaria de poder converter 100% das pessoas que me abordam. Ninguém é tão bom.

Mas no pensamento popular de vendas, você simplesmente deixa para lá e tenta ganhar a próxima. Você é um cavaleiro tentando matar o dragão, um homem das cavernas que precisa matar o mamute-lanoso ou ficar com fome.

Isso tudo está errado. Além disso, coloca uma quantidade enorme de pressão sobre introvertidos como você e eu. Sabemos que não somos extrovertidos. Já sentimos como se as cartas estivessem contra nós. Cada vez que não fazemos uma venda, isso só aumenta nossa ansiedade em relação a fazer a próxima. É uma espiral mortal.

Quando Beth e Amy conseguiram agendar várias reuniões, eu as ajudei a olhar para a lista de investidores em potencial para ver que, mesmo que as probabilidades de que toda reunião resultasse em investimento fossem baixas, eram boas as probabilidades de que algumas reuniões *resultassem*.

Isso deu a elas a sensação de serem capazes de prever que algumas de suas apresentações, na verdade, iam fracassar. Mas também as ajudou a se despir emocionalmente do resultado de qualquer reunião. Os nãos não as afetavam tanto porque elas se focavam em aperfeiçoar o sistema.

Isso fez com que elas se liberassem emocionalmente cada vez mais. Se o resultado não fosse o que elas esperavam, não levavam isso para o lado pessoal. Havia um problema com seu processo, não com elas. Uma rejeição significava "Você não vendeu direito para mim", em vez de "Você é uma pessoa horrível com uma ideia idiota".

Isso era o que eu queria que você entendesse. O que estou compartilhando com você neste livro não é como lidar com a venda. Isso põe o foco no micro. Quero dar a você as ferramentas para construir um processo como o de uma fábrica que entrega resultados favoráveis. Estamos nos concentrando na máquina que fabrica produtos, não nos produtos individuais – o sistema acima da venda.

Ou, para olhar as coisas de outra maneira, estamos apenas fazendo uma série de experimentos. Como em um experimento de ciências no mundo real, você precisa de uma série de passos repetidos. Você mantém tudo constante (isso é, você faz tudo exatamente do mesmo jeito todas as vezes), exceto por uma variável. Você muda uma coisa de cada vez para ver como isso afeta os resultados. Depois que alcança algum tipo de melhoria, você repete o experimento inúmeras vezes para verificar os resultados.

É isso o que se faz quando se constrói um sistema de vendas. Você adapta sempre um aspecto do processo de cada vez – seja uma piada, uma história ou uma pergunta – durante uma quantidade de vendas para ver se isso ajuda ou prejudica sua taxa de sucesso. Como os clientes, o mercado e seu negócio estão sempre mudando, necessariamente, o processo de vendas ligado a eles também deve mudar.

Se alguma coisa dá errado, cientistas não levam para o lado pessoal. O fracasso não significa que eles não deveriam ser cientistas. Significa só que o experimento não funcionou. Eles mudam uma coisa e tentam de novo. Quando tentava inventar uma lâmpada elétrica de longa duração, Thomas Edison disse: "Eu não fracassei. Só descobri dez mil maneiras que não funcionam."

Para sua sorte, eu descobri pelo menos uma maneira que funciona.

A IMPORTÂNCIA DA CONFIANÇA

Eu não devia ter que contar a você que a confiança básica é importante.

Mas tenho.

Você sabe disso, é claro. Todo mundo sabe. Mas quando vamos vender alguma coisa para alguém, muitas vezes ficamos tão concentrados em tentar cruzar o abismo que nos esquecemos de primeiro construir uma ponte.

O elemento mais importante de qualquer construção são as fundações. Se você não fizer isso certo, em pouco tempo tudo o que construir em cima vai desmoronar. Por exemplo, nós introvertidos, em geral, gostamos de pular as amenidades e ir direto aos negócios. Meu pai, ele mesmo um introvertido, dizia: "Eu queria que as pessoas deixassem de bobagem e fossem direto ao assunto." (Para sorte dele, ele tinha um emprego, não um negócio.)

Frequentemente, queremos consertar os problemas que vemos. Para quase todos os introvertidos que conheço e com quem trabalho, a autenticidade é a chave de toda abordagem na vida e nos negócios… Mas a pessoa do outro lado da linha telefônica não sabe disso. Sem primeiro conquistar a confiança dela, nossa empolgação para resolver seus problemas parece ser falsa e manipuladora. Você precisa ganhar a confiança de um cliente em potencial.

No livro do dr. Robert Cialdini *Pré-suasão*, o autor acompanhou o melhor vendedor de imóveis de uma empresa para descobrir o que fazia com que ele fosse tão melhor que os colegas, mês após mês. Depois de várias ligações de vendas, Cialdini não conseguiu discernir nenhuma diferença perceptível. O vendedor parecia usar o mesmo processo e abordagem que os outros vendedores que Cialdini tinha visto. Depois de perturbá-lo com perguntas e observações, ele finalmente conseguiu que o vendedor admitisse seu segredo.

Alguns minutos após o início de cada visita de vendas, o vendedor dizia: "Ah, eu esqueci uma coisa no carro. Não quero incomodar você. Se importa se eu sair e voltar sozinho?" Frequentemente, isso levava os proprietários de imóveis a lhe entregar a chave da casa... E esse era seu segredo.

Como ele explicou para Cialdini, você só dá a chave para alguém em quem confia. O próprio ato dos possíveis clientes lhe entregarem a chave dizia a alguma parte inconsciente da mente deles que confiavam nele. Parece simples demais para funcionar – como vão parecer muitas das coisas que você vai ler neste livro –, mas seus cheques de comissão diziam o contrário.

Quando gerenciei uma equipe de vendas de imóveis residenciais, se alguém fosse convidado para a casa de um possível cliente, a primeira pergunta feita era: "Você gostaria que eu tirasse os sapatos antes de entrar?" Isso mostrava um respeito básico pela casa e por seu proprietário. Não importava qual fosse a resposta. O que importava era que isso mostrava ao possível cliente que o representante de vendas tinha consideração. Novamente, parece algo simples, mas certa vez um vendedor chamado Jude estava com problemas, e eu disse a ele para me ligar durante sua próxima reunião de vendas que não estivesse correndo bem. Quando meu telefone tocou, antes mesmo de deixá-lo me dizer o que estava acontecendo, eu disse: "Jude, olhe para baixo. Me diga o que você vê."

"Droga... Você vai me dizer que é porque estou de sapatos, certo?"

Ele voltou para a rotina de tirar os sapatos na porta, e seus números logo voltaram ao normal. Digo mais uma vez: é quase básico demais para funcionar, mas seus cheques de comissão contaram outra história.

Também é educado aceitar quando alguém demonstra hospitalidade. Se eu ia ao escritório de alguém e a pessoa me oferecia uma bebida, eu sempre aceitava. Sempre. Parece uma coisa pequena, mas é um fio que conecta vocês. Normalmente, me ofereciam chá ou café. Em reuniões vespertinas, eu fazia a piada: "Obrigado, mas já tomei três cafés em minhas últimas três reuniões. Mais um vai ser demais para mim!" Depois que ríamos, eu dizia: "Mas eu adoraria um pouco de água, se for possível."

Hoje, eu digo que adoraria água pois parei de beber café, porque fazia muito mal para meu humor. Em vez disso, mudei para erva-mate – "Já ouviram falar sobre isso?" Isso abre uma discussão sobre os benefícios do café descontando os efeitos colaterais, o sacrifício de parar de beber café e se vale a pena ou não. Eu compartilho algo pelo que tenho paixão, e compartilhamos a piada sobre como é largar o café.

Confiança é a base de todas as outras coisas.

Eu abordo a confiança por dois ângulos: o pessoal (ou seja, relacionamento) e o profissional (ou seja, credibilidade). Se as pessoas gostam de você, mas não acreditam que você pode fazer o trabalho, elas podem gostar de passar tempo com você, mas não vão abrir a carteira. Se, por outro lado, você impressioná-las com seu valor, mas elas não sentirem nenhum tipo de conexão pessoal com você... Elas também não abrirão a carteira.

Você precisa ganhar o cliente nas duas frentes.

ESTABELECENDO RELACIONAMENTO RAPIDAMENTE

Como discutimos antes, "as pessoas não se importam com o quanto você sabe, até saberem o quanto você se importa". É um clichê, mas provavelmente acontece porque muitas pessoas acreditam que é verdade. A ideia por trás disso com certeza é verdade em vendas. Quando eu vendia na Sidney Road, sempre que chegava diante de um dono de negócio, eu começava meu discurso pronto na hora. Sem nenhum tipo de relacionamento – sem nenhum tipo de conexão pessoal –, eu era apenas uma commodity, um vendedor sem nome e sem rosto tentando fechar uma venda. (Ah, e claro, além disso, eles me achavam grosseiro.) Porém, em vez disso, quando eu iniciava a interação *como se ela fosse uma conversa...* Era incrível. Estabelecer a mínima conexão a nível pessoal ajudava a deixar mais positiva a atitude de uma pessoa em relação a mim.

Se você ligasse para um amigo para pedir um favor, começaria dizendo direto o que precisa? Provavelmente não. Perguntaria como ele e seus parentes estão. Perguntaria sobre seu bem-estar. Perguntaria algo que não tem relação alguma com o telefonema, mas mostraria que você gosta dele a nível pessoal.

Porém, você não quer perguntar sobre o cônjuge de alguém na primeira vez em que você o encontra. Isso causaria desconforto. Você não precisa perguntar sobre a saúde dessa pessoa. Isso não seria muito sincero. A ideia geral aqui é fazer uma pergunta ou uma afirmação aberta que de algum modo consiga uma resposta. Em um exame mais aprofundado, a sensação subconsciente é que se você está disposto a fazer uma pergunta que não tem relação com a razão pela qual você está ali e, mais importante, escutar a resposta... Bom, talvez, apenas talvez, você não seja um vendedor só interessado em dinheiro que está atrás do talão de cheque do proprietário. Talvez você seja humano. Talvez você vá realmente ouvir o resto do que ele tem a dizer ao longo da conversa.

Como você pode quebrar o gelo de forma adequada e começar uma reunião de vendas sem se sentir... Bom, um vendedor agressivo? Aqui estão alguns tópicos para criar relacionamento que usei ou ensinei outras pessoas a usar ao longo dos anos:

- Trânsito (como você viu no capítulo 1): "Uau, desculpe por me atrasar alguns minutos. O trânsito parece estar ficando cada vez pior nesta cidade, não é? Quanto tempo você leva para vir de casa até aqui?"
- Geografia (caso seja por telefone): "Vi no seu perfil do LinkedIn que você está em [cidade]. Sabe, eu já [morei/visitei/passei por/li sobre/conheci alguém que morava] aí. É tão bom quanto parece?"
- Clima (sempre de confiança): "Uau, o tempo não está [quente/frio/ótimo/louco]? Não me lembro de estar assim no ano passado, você lembra?"
- O último feriado: "Espero que você tenha tido um ótimo [Dia de São Patrício/Carnaval/Dia da Independência/ Dia dos Namorados]."

- O próximo feriado: "Não acredito que já é quase [*Cinco de Mayo*/ Ação de Graças/Véspera de Natal], não é? Você já tem planos?"
- Se estiver na casa de alguém: "Ah, que casa linda. Há quanto tempo você mora aqui?"
- No varejo: "Percebi você olhando para [alguma coisa]. É isso que está procurando?"

(Por falar nisso, se você estiver no varejo, nunca pergunte "Posso ajudá-lo?". Nós todos ficamos tão acostumados a responder "Não." aos vendedores que é quase uma resposta automática.)

Na Sidney Road, às vezes tudo o que eu precisava fazer era ter empatia com o dono da loja depois que um cliente difícil finalmente ia embora: "Parece que você também está tendo um dia difícil!"

Mais uma vez, não quero que você decore essas frases. Quero que você invente duas ou três que o ajudarão a construir relacionamentos que sejam naturais e funcionem para você – e, mais importante, para seus clientes.

Quando você faz uma pergunta pessoal (ou agradável), você deixa de ser um vendedor sem nome e sem rosto para se tornar um verdadeiro ser humano. Nós adoramos comprar, mas não gostamos que nos vendam. Para ajudar alguém a tratar você não como um vendedor, mas como outra coisa – um conselheiro, um fornecedor de serviço profissional, um consultor –, você primeiro tem que tirar a placa de "vendedor" estampada em sua testa. Clientes em perspectiva precisam ver você como mais que apenas alguém tentando vender alguma coisa.

Você já esteve em outro país onde não falava a língua local? Ou pelo menos em torno de pessoas que não falavam o seu idioma? Um amigo, uma vez, viajou para a Tailândia. Ele estava parado em um grupo de pessoas que estavam conversando em tailandês, ignorando-o. Eles não estavam sendo grosseiros; era como se ele fosse um objeto de curiosidade. Quando ele falou algumas palavras em um tailandês ruim, toda a atitude deles mudou. Foi como se estivessem vendo ele como uma pessoa pela primeira vez.

Isso é o que acontece quando você faz qualquer tipo de conexão pessoal com alguém. Você deixa de ser uma irritação ou fonte potencial de tensão e se torna um ser humano vivo que respira. Ao fazê-los começar a gostar de você, você está abaixando suas guardas automáticas. Eu me lembro de quando tinha 21 anos e entrei em uma loja de roupas à procura de uma camisa para um sábado à noite com amigos. (Odeio comprar roupas, mas alguns de meus amigos eram loucos por academia, e eu queria estar tão bem quanto eles – eles podiam usar uma camiseta de 10 dólares e ficariam incríveis. Eu não.) Um dos vendedores me acompanhou e me deu bons conselhos de moda. Ele me ensinou o que funcionava e o que não funcionava para mim. Quando encontrávamos alguma coisa que eu gostava, ele me mostrava itens que combinavam, explicava por que eles complementavam o que já tínhamos escolhido e continuava a dizer como eu ia me sentir confiante naquela noite. Ele me ajudou a montar alguns visuais que ficaram incríveis e fez com que eu me sentisse ainda melhor. Eu pensei comigo mesmo: *Finalmente encontrei um consultor de moda em quem posso confiar.* Eu havia entrado na loja para quem sabe comprar uma camisa e saí com 3 mil dólares em roupas.

Esse é o poder da confiança.

Você não pode culpar as pessoas por estarem na defensiva 24 horas por dia, de segunda a segunda. Todos somos bombardeados por mensagens de vendas e marketing, de nossos telefones até nossas buscas no Google, de nossas rádios até nossos leitores de livros digitais. Todo mundo está tentando ganhar dinheiro. Além de tudo isso, temos de nos preocupar com o golpe do tio rico que faleceu e nos deixou como herdeiros. Você conhece o ditado: "Se parece bom demais para ser verdade, provavelmente é." Todo mundo está desconfiado, e com razão, e por isso estabelecer confiança é mais importante que nunca.

Se suas intenções forem boas (e elas devem ser), você está tentando fornecer um produto ou serviço que as pessoas realmente precisam ou querem. Isso deve deixar a vida delas mais fácil, ajudá-las a resolver um problema, fazer com que ganhem dinheiro, com que economizem dinheiro ou, de algum jeito, beneficiá-las. Você quer se destacar do resto e mostrar que é apenas um ser humano normal. Você não está tentando pegar o dinheiro delas e sair correndo. Você não quer surrupiar seus dólares, euros, ienes, ou o que for, ganhos com sacrifício. Você só quer ver se há um encaixe entre onde elas estão e o que você tem.

Quando você estabelece um relacionamento, você já está a meio caminho de ganhar a confiança básica. E, mais uma vez, você precisa fazer isso de um jeito coerente com quem e o que você é. Você nunca tem que se sentir desonesto ou falso para ter sucesso nos negócios. Vendi milhões e milhões de dólares em produtos e serviços. Nunca saí me sentindo falso.

As chaves para isso são relacionamento e credibilidade.

ESTABELECENDO CREDIBILIDADE RAPIDAMENTE

Este livro não é sobre vendas de porta em porta nem cold calling. Entretanto, se introvertidos conseguem encarar com sucesso essas situações terríveis com meu sistema, então eles podem fazer com que funcione em ambientes menos desafiadores.

Antes, o vendedor era a principal fonte de informação de um cliente sobre a empresa. Hoje, compradores inteligentes fazem o dever de casa on-line antes de procurar um vendedor. A pesquisa da Deloitte's Digital de 2015 descobriu que 76% dos compradores interagem com marcas ou produtos antes de entrar em uma loja física. Seu marketing é responsável por boa parte do trabalho pesado hoje em dia.

Mesmo que seus clientes em potencial considerem que conhecem quem você é e o que você fornece... Será que eles conhecem mesmo? Você pode confiar que eles fizeram o dever de casa e entendem todo o valor que você apresenta como superior ao dos concorrentes? Eu não apostaria nisso.

Embora Beth e Amy tivessem um "produto" para vender, eram elas que estavam abordando os investidores. Elas não podiam considerar que a pessoa à sua frente tivesse feito muita pesquisa sobre elas, se tivesse feito alguma. Por isso, não podiam contar com o marketing para estabelecer credibilidade.

Vou supor uma coisa parecida sobre você. Se você tem um sistema de marketing fantástico, ótimo; ele tornará o que você aplicar deste livro muito mais efetivo. Por outro lado, você pode ter um sistema de marketing péssimo. Ou pode não ter absolutamente nada. (Se o último caso se aplica, não se desespere: às vezes, ter um marketing ruim é pior que não ter nenhum.) Para nossos propósitos aqui, vamos supor que seu marketing é basicamente inexistente. Por isso, você não pode contar com ele para estabelecer credibilidade e conquistar a confiança básica do cliente em perspectiva.

A maioria de nós se esquece disso. Estamos tão familiarizados com o que fazemos, com o que oferecemos e com o quanto nossos serviços são valiosos que frequentemente nos esquecemos de nos apresentar de forma adequada para clientes em potencial. Por outro lado, você provavelmente não quer se sentir como se estivesse se gabando. Ajudar as pessoas a entenderem o nível de valor que você pode entregar muitas vezes pode soar como se você estivesse se exibindo. Mas você tem que supor que a pessoa do outro lado da mesa ou do telefone não entende de imediato o valor do que você produz. Até mostrar o contrário, você é apenas uma commodity.

Trabalhei com o palestrante profissional Jim Comer, que caiu nessa armadilha. Mesmo fazendo um ótimo trabalho para desenvolver relacionamentos e conduzir a conversa, ele não conseguia estabelecer sua credibilidade profissional. Ele supunha que quando alguém entrava em contato, a pessoa já conhecia sua formação profissional e seu nível de conhecimento.

Quando chegavam à parte da conversa em que ele dizia seu preço, ele frequentemente os ouvia dizer: "Uau, isso é muito mais do que a outra pessoa que procurei." Ele imediatamente ficava com raiva. Em sua cabeça, o possível cliente não estava lhe dando valor. Quero dizer, ele escreveu para Joan Rivers e Bob Hope, teve artigos de opinião publicados no *New York Times* e no *Washington Post*, se apresentou em centenas de palcos para milhares de pessoas, trabalhou com empresas da Fortune 500 por quase três décadas – ele tem um currículo impressionante.

O cliente em potencial não sabia de tudo isso. Ele tinha acabado de falar ao telefone com uma pessoa com metade da idade de Jim e que tinha um total de três palestras feitas. O problema era que Jim não conseguia informar o cliente de forma adequada sobre seu valor comparativo.

Não era culpa dos clientes acharem o preço alto; era dele.

Mas como você apresenta de forma adequada toda essa experiência sem que isso seja algo negativo? Jim e eu trabalhamos juntos para criar uma introdução moderada que funcionasse para ele. Queríamos apresentar seu currículo impressionante sem fazer com que parecesse que ele estava se exibindo.

Embora eu não possa compartilhar o roteiro exato de Jim, o que criamos era mais ou menos nessa linha:

[Depois da frase iniciadora de conversa] Eu sempre gosto de saber como as pessoas me encontraram. Por acaso foi em meu vídeo no YouTube em que eu falava na National Automobile Dealers Association? Tenho muito orgulho desse momento: 25 mil pessoas na plateia e, da última vez que eu vi, 65 mil compartilhamentos.

Não importa como eles o encontraram; a pergunta é uma desculpa para contar uma história que demonstra que ele não vai trabalhar por uma ninharia em eventos locais de *meet and greet*. Ele não é da liga amadora; ele é da seleção profissional.

Scott, um consultor com quem trabalhei, fez isso de forma mais explícita. Depois de uma rápida conversa, ele resumia os objetivos da reunião para o cliente em potencial, e então, após algumas perguntas iniciais, dizia: "Eu gostaria de lhe contar sobre alguns clientes como você com quem tive a oportunidade de trabalhar..."

Quando ele chegava a essa parte da conversa, dizia:

Está bem, isso me dá uma boa ideia do seu background. Você é exatamente o tipo de cliente com quem trabalho. Não tenho certeza se você viu isto em meu site: tenho a grande sorte de ter trabalhado com clientes de alto nível em indústrias muito diferentes, como a Microsoft, a Macy's, a Porsche e a Starbucks. Preciso dizer que adoro conhecer e trabalhar com um grupo de elite de pessoas excepcionais como esse.

Ele continuava por cerca de um minuto, mas ao fazer isso, estabelecia com firmeza que trabalhava com pessoas de alto escalão. Isso enviava o sinal de que ele era um player sério e respeitado pelos especialistas com quem trabalhava.

Antes de introduzir isso em suas reuniões de vendas, Scott experimentava reações parecidas com Jim quando apresentava seu preço alto: "Uau, eu estou no negócio errado." "Ah, hum, está bem. Isso vem com alguma garantia?" Ou, a pior de todas: "Está bem, deixe-me pensar e eu dou um retorno." Essa última frase inevitavelmente leva a uma troca torturante de mensagens de voz e e-mails, para nunca fechar o negócio. *Ugh.*

Quando Scott começou a estabelecer sua credibilidade com clareza, mesmo que ele ainda estivesse fora do orçamento da pessoa, as respostas eram significativamente diferentes: "Uau, eu queria poder pagar o seu preço!" Ou "Isso parece razoável. Só está um pouco acima do que podemos pagar neste momento", ou "Está bem, vou resolver umas coisas e retorno para você". A favorita dele: "*[Em voz baixa]* Cara, eu quero muito isso."

Mas ele também ouvia a resposta que estava procurando com mais frequência: "Parece ótimo. Vamos fechar." "Perfeito. Você tem um contrato que eu possa dar uma olhada?" Ou "Está bem, deixe-me falar com meus sócios para convencê-los também".

Vê a diferença? Vai de se questionar *Esse cara realmente vale tanto?* para *Uau, esse cara é sério. Espero poder pagar por ele!* Isso dá ao cliente em potencial pistas sobre como calcular com precisão seu valor, em vez de o cliente simplesmente confiar na ideia frequentemente mal-informada sobre quanto uma coisa deveria custar.

Sim, eu sei que pessoas caladas e tímidas com frequência não gostam de atrair atenção para si mesmas, especialmente de forma explícita. Você não precisa gritar suas realizações para todos ouvirem. Tudo o que você precisa fazer é encontrar um jeito de indicar sua experiência profissional. Não precisa se alongar, mas faça isso bem.

- Ofereça-se para enviar informações: "Antes que eu esqueça, deixe-me pegar seu e-mail para lhe enviar um artigo de jornal sobre nosso novo projeto de design premiado para o centro de convenções da cidade."
- Pergunte como eles encontraram você (à la Jim Comer).
- Mencione algo que eles leram em seu site: "Como você provavelmente viu em minha página de depoimentos…"
- Mencione uma reunião recente de alto nível da qual você participou: "Sabe, quando me reuni com a diretora regional da Capital One há algumas semanas, ela achava que o mercado…"
- Desculpe-se por estar um pouco distraído por causa da longa viagem ou do projeto impressionante que você acabou de terminar.

Mais uma vez, você não precisa mandar seu currículo. Você só quer mostrar a eles que você com certeza não é a proposta mais barata, que você sabe do que está falando, que é profissional e que não está desesperado.

SEM OBJETIVOS OCULTOS

Minha abordagem de vendas não é sobre alardear o que pessoas de sucesso fizeram. É sobre aprender como e por que conseguiram isso para que você possa traduzir o conhecimento para algo que funcione no seu mercado.

Você lembra de Jude, que sempre esquecia de tirar os sapatos? Ele era ótimo em estabelecer relações e demonstrar competência profissional básica. Mas fora isso, ele tinha dificuldades durante a venda. Clientes em potencial agiam com reservas, na defensiva, fechados. As conversas começavam tão bem que ele ficava perplexo quando passavam a esfriar em pouco tempo. Ele atribuiu isso à desconfiança básica que as pessoas têm de vendedores.

Eu o acompanhei em algumas vendas e identifiquei a desconexão. Depois das brincadeiras iniciais e de estabelecer a credibilidade, Jude começava a fazer perguntas investigativas (Segundo Passo) para ajudá-lo a identificar os problemas do cliente. Como qualquer vendedor com o mínimo de qualidade, Jude queria vender para a pessoa aquilo que ela realmente precisava *e* estruturar isso da maneira mais atraente para ela (Quarto Passo).

Mas o cliente não sabia disso.

Tudo o que via era um estranho que ia de alguém simpático para um interrogador. Ele fazia perguntas sobre seu negócio, suas despesas e mais – informações que nunca gostariam que seus concorrentes tomassem conhecimento. Por que o cliente devia entregar toda essa informação para um vendedor aleatório? Aonde ele queria chegar com tudo aquilo?

Eu disse: "Olhe, parceiro, não é que eles não confiem em você. Só que você não deu a eles uma razão para confiar em você o suficiente. Eles não têm contexto sobre por que você precisa desses detalhes específicos.

Você sabe qual é o objetivo – tentar tornar o negócio deles mais lucrativo e eficiente –, mas eles não têm ideia."

O texto que criamos foi:

> Agora, vou precisar fazer algumas perguntas sobre seu uso do telefone e como seu negócio opera. Assim, posso criar uma solução que seja mais apropriada para suas necessidades. Está bem?

Ao dar a eles esse simples resumo das coisas que precisavam ser feitas, seus clientes tinham uma estrutura de referência para suas perguntas. Em vez de ficarem imediatamente na defensiva, podiam ver que ele estava na verdade tentando descobrir a melhor maneira de ajudá-los.

Foi igualmente importante que, ao perguntar "Está bem?", Jude conseguisse que eles lhe dessem permissão para a artilharia vindoura. Em vez de ser os receptores passivos das perguntas, eles se envolviam subconscientemente como participantes de uma série de perguntas e respostas. Claro, ninguém nunca dizia não. Eles não sentiam mais que alguém estava vendendo para eles; em vez disso, viam Jude como um consultor com conhecimento oferecendo uma solução personalizada.

Melhor ainda, isso cortava pela raiz um mal do qual todos padecemos. Você já esteve em uma reunião que mal começou e o possível cliente diz: "Olhe, quanto isso vai custar?" Ao revelar seus objetivos, você envia a mensagem que ele não está apenas comprando uma commodity: isso é uma consulta para entender as necessidades e comunicar os benefícios, não uma apresentação de vendas para ver se o cliente vai comprar.

Enquanto Jude fazia apenas uma apresentação breve, Scott apresentava todos os seus objetivos. Depois que brincava ou conversava com a pessoa do outro lado da linha, dizia:

> [Nome], estou muito feliz que você tenha ligado. Antes de contar um pouco sobre mim, meu processo e o tipo de cliente com o qual trabalho, adoraria ouvir um pouco sobre você e o que o levou a telefonar hoje.

Isso traz várias coisas. Primeiro, sinaliza para o cliente que Scott tem um processo e sabe o que está fazendo. Ele teve essas conversas tantas vezes que sabe exatamente como devem ser. Segundo, o coloca com firmeza no controle das coisas. Essa é uma ligação na qual Scott já estabeleceu objetivos; o cliente tem simplesmente que fazer seu papel.

Como resultado, isso permite ao cliente relaxar de verdade. Embora o cliente ideal de Scott seja alguém com uma personalidade tipo A, acostumado a estar no controle, ele descobriu que esses mesmos clientes gostam de poder confiar que Scott sabe o que está fazendo. Como veem que ele sabe o que está fazendo, podem ficar sentados e aproveitar o que é oferecido.

MOSTRE O ROTEIRO A ELES

Na verdade, Scott transformou seu sistema em tamanha arte que pessoas já disseram a ele o quanto gostaram do telefonema – não apenas da conversa, mas de experimentar um verdadeiro profissional de vendas em ação. Isso para um homem que antes acreditava que não conseguia vender.

Antes disso, Scott odiava vendas. Passava todo o tempo trabalhando em seu marketing na esperança de que este fizesse todo o trabalho por ele. Quando estava em uma ligação, sua estratégia era apenas fazer perguntas e manter a conversa até o cliente finalmente perguntar sobre o preço.

Hoje, ele continua a fechar vendas de 50 mil e 75 mil dólares com clientes que ligam para ele do nada. A diferença é profunda: primeiro, ele tem um roteiro a seguir, o que remove a pressão de "acertar dessa vez" (como Beth e Amy), e segundo, ele agora gosta do processo de vendas. O processo não é mais um monstro a ser dominado, mas uma performance a ser apresentada para um público. Sua voz calma, a atitude confiante e o otimismo em relação ao potencial para uma venda estabelecem o tom de uma boa conversa... E o cliente sente isso.

Isso reflete a abordagem da Disney em seus parques temáticos. Os parques da Disney têm um vocabulário específico para reforçar a ideia de que os clientes não estão lá para andar de montanha-russa: estão lá para experimentar a magia da Disney. Os funcionários são "membros do elenco", estar no parque é estar "em cena", estar em áreas destinadas aos funcionários é estar "nos bastidores", clientes não são clientes, mas "convidados".

Eu não estou sugerindo que você se vista de Sininho, mas quero enfatizar que uma reunião de vendas é frequentemente a primeira verdadeira impressão que um cliente em potencial tem de você, uma impressão que vai durar pelo resto da relação.

Defina a cena.

NÃO DEIXE QUE SEUS CLIENTES OPEREM AS MÁQUINAS

Você já assistiu à *Fantástica Fábrica de Chocolate*? Willy Wonka estava escondido em sua fábrica de doces havia anos, em silêncio e produzindo deliciosas barras de chocolate. Ele permite que as crianças entrem por um dia, e tudo dá errado.

As crianças adoravam os chocolates de Wonka, mas, claro, não tinham ideia do que fazer no interior da fábrica. Elas sabiam o que queriam, mas só os homenzinhos laranja (Oompa-Loompas) sabiam como fazer as máquinas funcionar para produzi-lo. Aquelas crianças intrometidas estragaram tudo.

É a mesma coisa com seu sistema de vendas. Você está criando um processo para um aspecto de seu negócio. Se você quer um resultado consistente, precisa de um processo consistente.

Quem vê como o processo funciona todas as vezes? Você. Portanto, quem é mais qualificado para ditar como o processo funciona? Você, é claro.

Por outro lado, quem são as pessoas menos expostas ao processo? Novos clientes. Portanto, quem são os menos qualificados para ditar como seu processo funciona? Novos clientes.

Você precisa estabelecer objetivos para que seu processo de vendas corra segundo o planejado. Sem objetivos estabelecidos – ou pior, deixando que os clientes tomem as rédeas –, você corre atrás deles. O objetivo principal deles não é o sucesso a longo prazo do seu negócio ou da sua carreira. Você não pode confiar seu bem-estar a outra pessoa. Você precisa conduzir a conversa. Você tem que controlar como as coisas se desenrolam. Você precisa "executar o programa". É o seu bem-estar que está em jogo – não o deles.

Aqui está o outro lado disso: se você não está no controle da conversa... Bem, então você não está no controle da conversa. Você permitiu que um cliente entrasse na fábrica de chocolate e mexesse em todas as alavancas e engrenagens. Ele não sabe como entregar o produto final (uma venda bem-sucedida com a qual as duas partes se sintam bem). Esse é o seu trabalho. É sua fábrica, sua linha de produção. Você está encarregado do controle de qualidade e de garantir a consistência do processo.

Faça o tour com eles – mas não lhes dê as chaves da fábrica.

3

vá atrás do ouro

(SEGUNDO PASSO: FAÇA PERGUNTAS INVESTIGATIVAS)

Em vendas, assim como na medicina, dar a receita antes do diagnóstico é um erro.

— Jim Cathcart, *Relationship Selling*

Você encontra vendedores ambulantes em quase todas as esquinas de Nova York.

Eles armam suas mesas, esvaziam baús, arrumam bugigangas e produtos falsificados e começam a trabalhar. Eles tentam instigar todos que passam. Querem que todo mundo – qualquer pessoa – compre o que eles têm.

Do outro lado do mundo, em Victoria, meu estado natal, Zack é o proprietário de uma franquia de coaching empresarial. Apesar da sofisticação que vem com essa linha de trabalho, sua abordagem de vendas se parecia menos como a de Jude e mais como a de um camelô de Nova York.

Enquanto Jude passava por cima do planejamento e entrava no modo interrogatório – só faltando uma sala escura e uma luz forte pendurada acima da cabeça do cliente –, Zack pulava as perguntas e ia direto ao pitch.

Pouco depois de atender a um telefonema, ele começava a falar sobre todos os cursos que sua franquia oferecia, os benefícios de cada um, como eles eram estruturados, preços e pagamentos e mais e mais e mais. O cliente ficava sentado do outro lado da linha como se estivesse em frente a um hidrante, se afogando em informação. Quando Zack terminava, ele se encostava na cadeira e esperava para ver qual das opções o cliente queria, mesmo enquanto a pessoa ainda estava tentando emergir para respirar.

Como um ambulante, ele exibia todos os seus produtos de uma vez e deixava que os clientes decidissem de qual precisavam. Ele não queria "vender", manipular nem persuadir os clientes em potencial. Não queria se sentir como um vendedor desonesto tentando fazer com que eles comprassem. A abordagem de Zack era apresentar os cursos que vendia e deixar todo o resto para os clientes.

As pessoas do outro lado da linha, porém, não entendiam totalmente o que Zack vendia (mesmo que achassem que sim) ou como isso se encaixava com seus desejos e necessidades específicos. Frequentemente, os clientes não têm total consciência de qual é seu verdadeiro problema. Muitas pessoas me ligaram querendo me contratar para treiná-las e treinar sua equipe de vendas, e então descobrem que o treinamento de vendas só resolveria uma parte dos problemas. Depois de fazer perguntas, posso descobrir, por exemplo, que elas competem em um mercado saturado e precisam redefinir seu nicho e mensagem unificada. Clientes, muitas vezes, não sabem do que precisam. Afinal de contas, eles não são os especialistas – você é.

PROCURE ESTANCAR O SANGRAMENTO

Tenho certeza que você já ouviu a frase de Theodore Levitt que diz "as pessoas não querem comprar uma furadeira, elas querem um buraco na parede". Elas querem uma solução para o problema, não apenas uma ferramenta para consertá-lo.

Alguns de meus clientes me procuram dizendo precisar de treinamento de vendas. Eu digo: "Não precisa, não; você quer mais clientes. Bom, na verdade, você só quer lucrar mais, não é? Quando pensa nisso, você na verdade não liga se tem mais vendas ou consegue mais clientes. No fim das contas, você só quer lucrar mais. Então, vamos falar sobre como fazer isso acontecer."

Pense nisso como ir ao médico. Medicina não é a minha área; quando alguma coisa está errada, só sei que há alguma coisa errada. Não procuro o médico já armado com o conhecimento de meu plano de tratamento, as medicações que preciso e que exames devem ser feitos. Eu preciso de ajuda, mas não tenho o conhecimento para descobrir qual ajuda preciso. Posso até entrar na internet e fazer minha própria "pesquisa", mas ela pode me levar a uma conclusão falsa e a um mau autodiagnóstico.

É por isso que pagamos especialistas: médicos usam sua experiência com pacientes anteriores para identificar causas em potencial, e então continuam a fazer perguntas cada vez mais específicas até terem uma boa ideia da causa da dor.

Sua dor nas costas pode na verdade ser um problema renal. Seu ganho de peso pode ser indicativo de um problema na tireoide. Sua dislexia pode ser uma síndrome de Irlen erroneamente diagnosticada.

Você busca que seus clientes pensem de você o mesmo que pensei do vendedor que me ajudou a escolher 3 mil dólares em roupas: *Finalmente! Esta é uma pessoa em quem posso confiar para me aconselhar!* Você quer que eles pensem de você o que pensam de seu médico ou contador: um especialista em cujo conselho eles confiam e seguem ao pé da letra.

Há anos não me chamo mais de vendedor. Eu não sou; sou um consultor. Eu não vendo um produto ou serviço; presto consultoria sobre os problemas das pessoas e consigo para elas o resultado desejado. Quando entendo o objetivo que desejam alcançar – e ambos concordamos sobre qual a dor ou desafio verdadeiro –, posso sugerir algumas soluções.

Da mesma forma, você não quer apenas cuidar da dor deles. Isso é tentador, porque é uma venda mais fácil. Mas se você vai realmente agregar valor, precisa se concentrar em resolver o verdadeiro problema. Se eu sofro um corte profundo que resulta em hemorragia interna, um curativo apenas esconde o problema: eu ainda estarei perdendo sangue.

Se você é um estudante de literatura de vendas, essa prática é antiga. Você quer "investigar a dor", certo? Descobrir a causa oculta (ou seja, onde seus clientes estão sangrando mais) e então implementar uma solução (ou seja, encontrar algo para curar o que os atormenta).

Não seria bom se fosse tão fácil quanto ser um médico e seus clientes simplesmente confiassem em você? Imagine que assim que você perguntasse "Está bem, qual o seu problema?", eles logo se abririam.

Às vezes, um cliente faz isso, em especial se você fez seu marketing corretamente. Hoje em dia, graças a um bom marketing, tenho ligações e encontros com clientes em potencial que marcaram com semanas ou meses de antecedência. Eu agradeço a eles por marcarem a ligação e digo que estou grato pela oportunidade de conversarmos. Então digo que, embora eu tenha visto seu site e lido as anotações em seu e-mail de agendamento, como isso já tem meses, gostaria de começar perguntando em que ponto eles estão naquele momento, o que estão enfrentando e com o que mais precisam de ajuda nos trinta minutos que temos juntos. E o cliente simplesmente se abre.

Mas no caso em que eu ia de porta em porta, vendendo planos de telefonia para pequenos lojistas que não precisavam nem queriam mudar de plano (ou talvez não se importassem tanto para fazer isso), eles não compartilhavam nada. O único problema que tinham era um adolescente com acne e em um terno de poliéster tentando vender algo que, para começo de conversa, eles não queriam comprar.

A porta número 93 – minha primeira venda como vendedor "profissional" – foi uma loja de penhores. O cara basicamente comprava e vendia lixo: relógios usados, aparelhos de som velhos e equipamento esportivo de segunda mão. Quando eu entrei, pensei: *Por que eu estou perdendo meu tempo aqui? Esse cara não vai comprar um plano empresarial de telefonia. Ele provavelmente não tem nem um telefone comercial.*

Mesmo assim, segui em frente.

Na verdade, o dono estava pensando em comprar um celular. Claro, ele queria a opção mais barata de todas. Enquanto conversávamos, eu disse: "Bom, se você vai comprar um celular para seu negócio, então provavelmente também quer um número 1-800. Afinal de contas, ninguém vai ver um anúncio com um número 04" – todos os celulares na Austrália começam com esse prefixo – "como um negócio legítimo". Ele concordou. Depois de um pouco mais de conversa, eu disse: "Por que você não está na internet?"

"Eu deveria estar?"

"Claro que deveria. Você está pagando esse dinheiro todo para alugar uma loja para o trânsito das pessoas que passam. Pense em vender para *qualquer um* com um computador! Sabe o que você poderia fazer? Eu soube desse cara..." Então vendi para ele um pacote de internet. Bom, se ele quisesse ter internet, precisava de uma linha fixa (isso foi na época da internet discada). Então também vendi a ele uma linha fixa.

Está vendo aonde quero chegar com isso? Ele já estava pensando em comprar um celular, mas à medida que eu fazia perguntas, descobrimos mais de seus desejos e necessidades. Eu combinei o que minha empresa de telefonia fornecia com o que ele queria, e, rapidamente, fiz minha primeira venda.

Se eu abrisse o catálogo para o dono da loja de penhores e dissesse "Está bem, isso aqui é o que nós temos. O que você quer?", ele teria apenas comprado o plano de celular. Eu teria feito o contrato e ido embora.

Em vez disso, eu fiz perguntas. Ele já tinha pensado o que um e-mail poderia trazer para seu negócio? Ele achava que as pessoas hesitavam em ligar para ele porque não queriam pagar o preço da ligação para uma linha de celular (na época, 42 centavos o minuto)? Ele já tinha usado um número 1-800 antes porque gostava de não ter que pagar a ligação?

Eu não era um vendedor sofisticado. Eu não sabia usar as perguntas para descobrir as necessidades dos clientes. Eu ia fazendo perguntas aos tropeções e por acaso, em meu desespero para ganhar mais que a comissão de 20 dólares que eu ganharia só pelo plano de celular. Foi assim que saí com mais que o triplo disso.

ESCUTE, NÃO PARA RESPONDER, MAS PARA ENTENDER

Introvertidos são extraordinariamente bons em ouvir.

Uma das melhores descrições desse talento está no artigo "The Gifted Introvert" ["O introvertido talentoso", em tradução livre] de Lesley Sword, no qual, discutindo sobre introvertidos, ela observa:

> Eles entendem o mundo por meio da contemplação cuidadosa e preferem não agir nem reagir sem pensar muito. Introvertidos vão receber a informação e talvez fazer algumas perguntas esclarecedoras.
>
> Eles não vão interromper com frequência com perguntas e comentários, como a maioria dos extrovertidos é propensa a fazer. Introvertidos precisam de tempo para "digerir" a informação antes de responder a ela.

Infelizmente, quando entendemos, com frequência queremos pular as perguntas e ir direto para a resposta. Esse era um dos problemas de Alex Murphy: assim que os clientes começavam a apresentar suas questões, ele era inteligente e experiente o bastante para saber exatamente do que precisavam. Ele pulava a etapa de fazer perguntas e ia direto para o modo solução de problemas. Pior ainda: embora ouvisse com atenção, ele não se identificava com eles nem fazia esforço para demonstrar compreensão.

Isso está ligado com a construção de confiança básica: se os clientes não o conhecem e não sentem que você entenda corretamente o problema, como podem confiar na sua solução?

O Segundo Passo não é apenas identificar o problema fazendo perguntas. Também tem a ver com os clientes sentindo que você está sinceramente preocupado em ajudá-los, que você entendeu o problema deles por completo e – o mais importante – que você realmente os ouviu. Em outras palavras, não é suficiente que você sinta saber qual é o problema deles. Eles precisam saber que você entende e se preocupa.

O problema de Zack era que ele sabia demais... Assim como o meu.

Alguns meses depois de meu sucesso com o dono da loja de penhores, tive uma queda brusca nas vendas. Eu reclamei com meu pai: "Eu simplesmente não sei o que estou fazendo de errado."

Ele perguntou: "Quando começou a vender, o quanto você sabia?"

Resposta fácil: "Nada. Absolutamente nada. Tive sorte só de me lembrar que produto nós oferecíamos."

"Está bem. E quanto você sabe agora?"

"Ah, meu Deus... Tudo! Sei tudo sobre tudo o que oferecemos. Por isso não consigo entender por que as pessoas não estão comprando de mim. Eu posso explicar tudo. Sou capaz de mostrar tudo."

Ele disse: "Você acha que esse pode ser o problema?"

No início, achei que essa era uma noção ridícula. Depois de mais discussão, concordei que meu pai talvez tivesse razão. Quando entrei em uma loja no dia seguinte, falei muito pouco sobre o produto e só falei sobre a perspectiva de economizar dinheiro. Agora, depois de adquirir mais conhecimento sobre o produto, eu me concentrei mais na educação. Tentei resumir três meses de aprendizado em uma apresentação de cinco minutos. Era demais: informação demais, opções demais, acontecendo rápido demais.

Zack fazia a mesma coisa: ele pegava uma década de conhecimento e a apresentava na primeira ligação. Nós dois dávamos ao cliente informação demais em vez de nos concentrarmos só no que ele precisava saber.

Em *O paradoxo da escolha*, o psicólogo Barry Schwartz defende que ter opções demais nos prejudica. Em vez de fazermos uma escolha simples, frequentemente ficamos ansiosos e até paralisados por nosso desejo de fazer a escolha *certa*. Por exemplo, dois pesquisadores fizeram um estudo com consumidores em um mercado. Em alguns dias, havia uma gôndola com seis tipos de geleia; nos outros dias, a gôndola tinha 24 tipos. Quando havia apenas seis geleias, os consumidores ficavam *dez vezes* mais propensos a comprar do que quando a gôndola tinha 24.

Ter menos opções levou a vendas maiores.

Está bem, então as pessoas compram menos geleia. Não é nada de mais... Só que é. Schwartz destaca algo muito mais importante: se você vai passar seus últimos anos comendo bife ou sardinhas.

Um dos colegas de Schwartz obteve dados da gigante das finanças Vanguard sobre a participação de um milhão de trabalhadores em planos de aposentadoria e fez uma análise dos números. Ele descobriu que, para cada dez fundos que um empregador oferecia, cerca de 2% *menos* pessoas participavam do plano.

Para algo tão importante quanto como passar seus anos dourados, é de se pensar que as pessoas levariam o investimento muito a sério. Mas quanto mais opções elas tinham, mais propensas ficavam a não tomar nenhuma decisão.

Era isso o que Zack e eu estávamos fazendo em nossas respectivas situações. Nós dávamos a nossos clientes em potencial tanta informação que eles "precisavam pensar no assunto" ou diziam que "não tinham certeza se era o momento certo".

Em vez de fazer um despejo de conhecimento, eu voltei a fazer perguntas significativas, ouvindo atentamente as respostas dos clientes, oferecendo uma ou duas opções e dizendo a eles só o que precisavam saber para tornar a escolha simples. Funcionou. As vendas voltaram a subir imediatamente.

Para Zack, eu retornei a essa experiência para entender como suavizar seu desafio de vendas. Em vez de mostrar todos os cursos que ele oferecia, ele deu um passo para trás e começou com: "Bem, qual é o problema?" O que fez com que os clientes pegassem o telefone para fazer a ligação? O que estava acontecendo que eles achavam (ou torciam) que Zack poderia resolver?

As vendas aumentaram.

ENCONTRE O PADRÃO NAS PERGUNTAS

Se você está trabalhando há qualquer período de tempo, inevitavelmente começa a ouvir algumas das mesmas perguntas repetidas vezes. Mas vamos pensar na pior situação: você está começando, não falou com ninguém e não tem ideia do que perguntar.

Essa era a situação em que eu me encontrava quando era um garoto de 14 anos. Só que eu não estava vendendo um produto – eu estava tentando comprar meu próprio computador. Meus pais não podiam comprar (estamos falando de milhares de dólares, e minha família não era exatamente rica), então decidi montar um usando meus salários do emprego no McDonald's. Enquanto eu olhava os classificados, vi que muitas lojas tinham os exatos mesmos itens por preços bem diferentes. Curioso, liguei para uma loja grande e perguntei se eles poderiam me vender uma peça por $X.

"Não, garoto, eu não consigo nem comprar por esse preço."

Enquanto olhava para o anúncio de outra loja, eu disse: "Ah. Bem, hã... Eu acho que consigo. E se... E se eu conseguisse comprar isso mais barato que você? Eu poderia vender isso para você? Eu não iria querer todo o dinheiro, talvez... Talvez só a metade?"

Clique.

Ele simplesmente desligou. É, isso machucou esse introvertido, mas eu queria muito meu computador. Na verdade, queria tanto que era burro demais para saber que o que eu estava fazendo não podia ser feito. Ou, pelo menos, só teimoso demais. Adolescentes são famosos pelos dois.

Sendo um nerd, fiz uma lista de lojas que vendiam as peças por um preço mais baixo e depois uma lista de todas as lojas cobrando um preço mais alto. Eu comecei a ligar para as diferentes lojas, tentando fazer isso funcionar.

Um menino de 14 anos não consegue esconder sua voz. Obviamente, eu era um garoto. Nitidamente, eu era doido. Que adolescente pensa que pode conseguir peças de computador mais baratas que um negócio de verdade? Aposto que alguns deles desconfiaram que pudesse ser um golpe. Quero dizer, quem poderia levar a sério uma ligação que começava com um adolescente dizendo: "Hã, você quer economizar dinheiro em peças de computador?" Eu podia ver que as chances estavam contra mim.

Mas à medida que eu ligava para uma loja atrás da outra, vi que perguntas diferentes obtinham respostas diferentes. Então, comecei a descobrir as perguntas que pareciam manter o interesse das pessoas. As conversas iam desde "Está falando sério, garoto? Eu tenho mais o que fazer" até "Sim, minhas vendas têm muito a ver com conseguir peças de computador baratas. Sim, eu estou interessado em consegui-las mais barato".

Quando cheguei por volta da quadragésima ligação, através de tentativa e erro (também conhecido como experimentação), comecei a montar uma lista de perguntas significativas que, quando feitas em uma ordem específica, aumentavam o interesse e o engajamento.

Levou provavelmente cinquenta ou sessenta ligações (isso diz a você o quanto eu queria um computador), mas finalmente consegui que dois gerentes aceitassem a aposta e concordassem em dividir comigo a diferença em créditos na loja. Eu me empenhei, e em apenas alguns meses tinha crédito o suficiente nas duas lojas para conseguir as peças do meu próprio computador.

(Depois disso, eu parei. Estava ocupado demais jogando em meu computador novo para perder tempo ganhando mais dinheiro. Quem sabe? Eu poderia ser o Michael Dell australiano, montando computadores na garagem dos pais. Garoto burro.)

No fim, o que fez aqueles dois negócios decidirem arriscar comigo foi:

- Fazer a eles as perguntas certas
- Na ordem certa
- Que atingissem em cheio o problema deles
- E que os ajudassem a me ver como alguém que entendia suas necessidades

A série certa de perguntas conseguiu meu primeiro computador.

Enquanto eu elaborava o processo de vendas para a empresa de treinamento empresarial que fundei (o Instituto Pollard), considerei que, como oferecíamos educação empresarial, o processo de perguntas não podia ser roteirizado. Era, afinal de contas, uma venda complexa. As pessoas vinham de todas as posições sociais e de todos os tipos de indústria. Mas logo encontrei um padrão: algumas perguntas levavam a um maior engajamento e interesse, o que por sua vez resultava em uma venda. Depois de oito ou nove meses, pensei *Estou sendo ridículo* – e escrevi uma série de perguntas para a equipe de vendas. As vendas aumentaram 300%, e nunca mais duvidei do poder das perguntas.

FAZENDO AS PERGUNTAS CERTAS

Já ouvi muitas pessoas dizerem: "Ah, preciso fazer perguntas! Meus clientes precisam entender que eu estou procurando os problemas deles!"

Então elas perguntam... E perguntam... E perguntam.

Elas não parecem ter um propósito. Estão perguntando apenas por perguntar. Isso acaba frustrando o cliente e desperdiça tempo. Como você pode ser estratégico na escolha de que perguntas fazer? Como você põe estrutura em torno de uma série de perguntas que podem levar a qualquer lugar? Bom, uma coisa é ter um conjunto de perguntas pronto. Você não faz simplesmente perguntas aleatórias; faz perguntas preparadas com cuidado que, na maior parte do tempo, devem mantê-lo em seu processo.

Eu criei uma lista de perguntas para ser usada pela minha equipe de vendas. Ela começava dizendo para o cliente: "Então, antes de entrarmos nos detalhes do que exatamente podemos fazer e de como podemos ajudar, eu gostaria de fazer algumas perguntas. Assim, posso montar uma solução que seja perfeitamente personalizada para você. Está bem?"

Ninguém vai dizer não para isso. Todo mundo quer alguma coisa "personalizada", apenas para eles. Como dissemos antes, todo mundo quer saber que você está ouvindo de verdade o que eles dizem, que eles não são apenas mais um número em mais uma venda. Além disso, dessa forma pedimos educadamente sua permissão para seguir com as perguntas. Não estávamos forçando a barra, abrindo o hidrante de informação e depois pressionando-os a assinar, assinar, assinar. Nós fomos passivos, relaxados e consultivos. Você sabe – introvertidos.

Para Zack, sua primeira questão era simplesmente "Quais os maiores problemas de seu negócio neste momento?".

Depois de ouvir a resposta, mandei-o dizer: "Não posso ajudar você com X ou Y, mas posso ajudá-lo com Z. Tudo bem se nos concentrarmos nisso?"

Quero dizer, se um dos problemas é que o cônjuge não quer que seu cliente passe tanto tempo no negócio, a menos que você seja um conselheiro matrimonial, você provavelmente não tem um produto ou serviço que ajude. Não prometa resolver um problema que você não pode dar conta. (Embora você possa usá-lo depois, quando estruturar os benefícios de suas ofertas. Passar tempo demais no negócio é um sintoma de uma questão maior, como falta de sistemas ou mau gerenciamento do tempo.)

Em seguida, Zack perguntava: "Então quem está experimentando isso como problema? É você ou um membro da equipe que está lhe dizendo que está experimentando?"

Se os clientes virem isso como problema, significa que estão mais propensos a pagar para remediá-lo. Se os membros da equipe estão dizendo a eles que é um problema, pode ser que não fiquem tão propensos a pagar para corrigi-lo. Quer dizer, a menos que eles percebam que é um problema grave, que pode levar à rotatividade de funcionários, que pode ser um gasto.

Quando paramos de trabalhar, o processo de Zack estava um pouco mais complexo que isso, mas essas perguntas lhe proporcionaram a estrutura básica para a posterior evolução de sua série de perguntas. Quanto mais bem preparado ele ficava, mais era capaz de usar um processo de fluxograma de decisão: se eles respondessem A, então ele seguia com a pergunta nº 2, mas se eles respondessem B, ele seguia com a pergunta nº 4.

Quando Zack descobria do que os clientes precisavam, sabia que caminho recomendar a eles. Melhor ainda, podia explicar por que esse caminho era perfeitamente apropriado para eles, usando suas respostas como ponto de partida para explicar com exatidão como isso ia beneficiá-los.

Você vai lembrar que o desafio de Jim Comer era resistência aos preços. Nós desenvolvemos algo parecido com esta série de perguntas para ele:

- Como foi a experiência deles com o último palestrante? Os clientes ficaram satisfeitos com essa pessoa?
- Esperam que sua experiência com Jim seja parecida ou diferente?
- Eles estão vendendo ingressos?
- A palestra será gravada?
- Eles são alguma associação ou organização sem fins lucrativos?
- O que eles esperam obter da palestra?
- Que resultados esperam alcançar?
- Serão vários palestrantes?
- Quantas pessoas eles esperam?

Com as respostas para essas perguntas, ele podia explicar aos clientes em potencial por que era perfeitamente adequado para as necessidades deles (portanto, justificando seu preço de forma indireta).

Isso está funcionando muito bem para Jim, mas e você? E se seu negócio é radicalmente diferente? E se você está apenas se preparando para o lançamento e precisa de uma série de perguntas hoje? Aqui estão quatro perguntas básicas que você precisa fazer de algum modo. Use-as para começar a personalizar o padrão de perguntas que leva seus possíveis clientes a contarem o que você precisa saber para transformá-los em clientes.

1. **O que eles querem?** Não pergunte literalmente a alguém "O que você quer?". Essa é a pergunta interna que você deve descobrir. Você precisa determinar o que eles querem/precisam antes de poder determinar o que precisam que você venda para eles.
2. **O que eles estão fazendo em relação a isso no momento... E está funcionando?** Você não quer ser surpreendido oferecendo uma solução que eles já experimentaram ou estão experimentando. Você precisa de contexto antes de poder oferecer uma solução.

3. **Quem diz que é um problema?** Você precisa saber quem vê isso como uma questão que precisa ser resolvida. Se não é a pessoa com quem você está falando, a dor percebida vai ser muito menor do que se ela mesma a estivesse experimentando. Em resumo: qual tamanho eles acreditam que o problema tem?
4. **O que isso está custando financeiramente, em oportunidades e/ou personalidade?** Essa linha de perguntas tem dois lados. Primeiro, você quer saber qual é o tamanho do sofrimento deles. Por outro lado, isto é bem importante: você quer ajudá-los a ver o tamanho do problema (e ele costuma ser maior do que eles imaginam).

Mas e se eles não quiserem contar a você qual é o problema? Pior: e se eles nem o veem como um problema?

FAZENDO ESTRANHOS SE ABRIREM

No Instituto Pollard, nos concentramos em um nicho definido de clientes: profissionais como donos de empresa que prestam serviços elétricos, de encanamento e outros empreiteiros. Quando perguntamos "Que problemas você está experimentando?", eles podem não dar importância à pergunta. Não posso culpá-los – quem quer jogar seus problemas sobre um estranho completo que está tentando vender alguma coisa a eles?

Uma vez conheci um encanador que nem sequer admitia ter um problema. Segundo ele, tudo estava bem. Quando contei a ele que tinha visto outros trinta encanadores naquele mês e todos tinham três questões em comum, ele disse – e eu cito: "Bem, se eles estão lhe dizendo isso... É, eu tenho esses problemas também." Então, foi como se a represa estourasse: ele começou a falar sobre todos os outros problemas que também estava enfrentando.

Por exemplo, muitos empreiteiros têm o problema de membros da equipe não limparem a casa dos clientes. É um pouco irritante. Mas um problema irritante não faz com que as pessoas façam alguma coisa.

Eu precisava ajudá-lo a entender o quanto ele perdia tendo uma equipe treinada de maneira inapropriada; eu precisava ajudá-lo a sentir a dor.

Eu disse: "Vamos olhar para os resultados de eles não limparem. Você sempre manda que eles voltem, ou você mesmo volta e limpa?"

Ele disse: "Depende, mas muitas vezes eu acabo fazendo."

Eu disse: "Você consegue mais indicações dos trabalhos que você mesmo teve que limpar ou de trabalhos em que eles fizeram isso na primeira vez?"

Resposta óbvia.

"Está bem, e quantos trabalhos você faz? Cerca de dez por mês? Desses dez, quantas indicações você consegue? De três a cinco? Perfeito. Agora, quantos trabalhos o membro típico de sua equipe faz? Dez por semana – tantos quanto você faz em um mês. Está bem. E quantas indicações eles recebem desses mesmos dez trabalhos?"

Ele disse: "Geralmente... Hã... Uma?"

Eu deixo que ele pense nisso por um momento.

"Então, vamos fazer as contas. De dez trabalhos, você consegue pelo menos três indicações; eles conseguem uma. Isso significa que você está perdendo pelo menos duas indicações. Agora, quantas dessas indicações se transformam em trabalhos efetivos, e quanto vale normalmente um trabalho?"

Depois de botar tudo na ponta do lápis, ele percebeu que estava deixando de ganhar centenas de milhares de dólares por ano em indicações perdidas. De repente, a pergunta foi de quanto ia custar treinar sua equipe para quanto a falta de treinamento custava para ele!

Vamos dividir esse problema em três custos que mencionamos anteriormente:

1. **Custos reais:** os salários para sua equipe voltar e limpar o local do projeto.
2. **Custos em oportunidades:** o faturamento que ele perdeu porque os membros da equipe não estavam conseguindo tantas indicações quanto poderiam (uma combinação de não serem treinados para pedir indicações e, para início de conversa, de não fazerem o trabalho corretamente).

3. **Custos pessoais/emocionais:** Uma vez ele perdeu a apresentação de dança da filha porque, para manter seu negócio, teve que voltar e limpar a casa de um cliente furioso.

Depois que tudo isso foi exposto, ele percebeu que tinha um problema enorme, um problema que não podia ignorar. Graças a Deus ele tinha alguém fazendo as perguntas certas para ajudá-lo a perceber isso.

4

fale com a pessoa certa

(TERCEIRO PASSO: QUALIFICAÇÃO)

Estes não são os androides que você está procurando.

— *Star Wars*

Eu estava na loja de jornais e revistas conversando com uma moça havia quase uma hora. Ela estava empolgada, via a economia, e eu sabia que ela estava pronta para assinar a documentação. Eu estava pegando a papelada quando ela disse: "Está bem, isso parece ótimo. O chefe está lá nos fundos. Vou falar com ele."

Ela saiu andando pelo corredor e enfiou a cabeça em um escritório. "Bill, você está interessado em economizar dinheiro em telefonia?"

Eu ouvi um resmungo: "Não."

"Está bem." Ela voltou andando até a frente e deu de ombros. "Ele não está interessado. Desculpe."

Eu tinha vendido com sucesso uma coisa para uma pessoa que não podia comprá-la.

Olhando para trás, é óbvio, mas eu não sabia na época: eu estava tão empolgado por alguém estar me ouvindo que não parei para pensar se estava falando com a pessoa certa.

Mais de uma década depois, eu cometi esse mesmo erro outra vez.

Meu telefone tocou: era uma pessoa de uma associação comercial do outro lado da linha, querendo falar sobre me contratar para palestrar em um evento. Eu estava lançando meu negócio de palestras e coaching nos Estados Unidos. Eu tinha meu pitch para vender coaching pronto após algumas tentativas e erros (mais uma vez, experimentação) com múltiplas perguntas. Entretanto, eu ainda não tinha desenvolvido meu processo de vendas para solicitações de palestras; eu ainda usava meu processo básico. Meu pitch improvisado foi bom o suficiente para fisgar o cliente; ele me queria. Eu podia sentir o gosto da vitória. Estava pronto para enviar um e-mail com o acordo. Mas em minha empolgação – e, mais importante, em minha falha em seguir religiosamente meu processo – eu me esqueci do Terceiro Passo: eu não avaliei se ele era o tomador de decisões definitivo.

Deixe-me interromper um instante para observar que digo às pessoas para sempre, *sempre*, terem os sete passos anotados em um papel perto do telefone ou computador. Eu nunca teria cometido esse erro se tivesse seguido meu próprio conselho e tivesse a estrutura do processo à minha frente quando atendi a ligação.

Eu percebi meu erro quando ele disse as palavras: "Está bem, acho que você é perfeito. Vou levar isso para nosso diretor executivo e retorno para você, ok?"

Claro que eu não consegui a palestra. Se eu soubesse – através do processo de qualificação – que não estava falando com a pessoa responsável pela decisão, eu teria lidado com a conversa de maneira muito diferente. Em vez de tentar fechar a venda, meu objetivo teria sido conseguir uma reunião com o chefe dela. Eu ainda ia querer que ela se empolgasse e me visse como "perfeito", mas eu teria destacado como era importante que eu conversasse com o diretor executivo.

Se eu soubesse, teria dito alguma coisa como "Graças à minha experiência em diversas indústrias – diferente de muitos palestrantes que apenas usam uma apresentação enlatada –, sempre preparo minha apresentação diretamente para meu público. Para garantir que eu personalize a experiência para seus participantes e que eu fique dentro do orçamento, seria ótimo falar com seu diretor executivo antes de dar qualquer preço ou me comprometer com um caminho específico. Eu geralmente posso trabalhar com qualquer verba, mas meu objetivo é fornecer a você uma experiência sobre a qual os participantes vão falar por anos e que entregue um resultado tangível no mundo real".

Ele era o cara fazendo o trabalho braçal, não o cara que assinava os cheques. Sem que eu estivesse lá para comunicar tudo isso, eu precisava confiar que ele seria meu vendedor. Quando seu chefe examinou os palestrantes em potencial, eu era apenas mais um nome na lista. Eles escolheram outra pessoa, e aposto que o palestrante que eles escolheram foi o que conseguiu que o guardião do portão o pusesse diante da pessoa no comando.

Com a loja de revistas, eu confiei todo meu processo de vendas à pessoa que vendia jornais atrás do balcão, trabalhando por um salário mínimo. Ninguém consegue vender meu conhecimento melhor que eu, especialmente um intermediário apenas reunindo informação para resumi-la e passar para o chefe. Meu problema nos dois casos foi que eu não estava falando diretamente com a pessoa que tinha autoridade para tomar a decisão.

Em vez disso, eu estava falando com... O temido guardião do portão.

PASSANDO PELO GUARDIÃO DO PORTÃO

Algumas pessoas designaram guardiões do portão, como recepcionistas, secretárias, assistentes executivos ou mesmo assistentes eletrônicos, tipo filtros de e-mail e de mensagens de voz.

E, além disso, algumas pessoas funcionam como guardiões sem perceber. Durante meus dias de cold calling, quando eu entrava em uma loja e dizia para o balconista: "Sou da Ozcom. Você estaria interessado em mudar de plano telefônico?", claro que eles diziam não. Independentemente do quão baixo esteja nos degraus da pirâmide hierárquica, praticamente todo mundo tem autoridade para impedir que vendedores cheguem ao chefe.

Ou pior: sem quererem ser rudes, eles se sentam com você, prestam atenção em tudo e então pedem uma proposta. Só posso imaginar quantas das propostas de trinta páginas de Alex Murphy estavam destinadas ao lixo antes mesmo que ele se sentasse para escrevê-las.

Depois de vender com sucesso para aquela secretária da loja de jornais e revistas por uma hora e não fechar a venda, aprendi a simplesmente colocar a questão da seguinte maneira: "Oi, meu nome é Matthew. Estou aqui em nome da Ozcom, e estamos lançando um pacote econômico em sua área. Você é a pessoa certa com quem devo falar sobre isso?"

Isso mudava a pergunta de um simples "Posso lhe vender uma coisa?" para "Você está no comando?" Em vez de preparar a pessoa para o não automático que deu para todos os vendedores que entravam, isso ativava outras de suas decisões padrão: *Não sei o que esse cara quer, então vou transferir isso para o chefe*. Em vez de perder tempo falando com a pessoa que está assando o pão na frente, eu era conduzido para ver o cara nos fundos fazendo a massa.

Alguns anos depois, com o Instituto Pollard, escrevi o roteiro de nosso telemarketing para começar com "Olá. Estou ligando por causa de uma nova oferta educacional que vai ajudar você a aumentar a produtividade de seu negócio. Você é a pessoa certa com quem devo falar?"

Se eles eram um guardião do portão, nove em cada dez vezes eles diziam: "Hum, não, não sou. Você precisa falar com [nome]. Vou ver se ele está disponível." Mesmo que eles não colocassem o vendedor direto com a pessoa responsável pela tomada de decisões, nós tínhamos um nome pelo qual perguntar na próxima vez que telefonássemos.

Nossa taxa de sucesso (nesse caso, medida pelo número de reuniões agendadas) subiu muito além da média da indústria, porque falávamos com menos gente e conseguíamos mais agendamentos... O que é um ponto de mudança excelente para outro princípio fundamental da vantagem dos introvertidos em vendas.

NÃO DESPERDICE SEU TEMPO

Você quer mais clientes. Todo mundo quer mais clientes. E conduzir pessoas através de suas portas (literais ou digitais) vai resultar em mais vendas. Todo vendedor sabe que se você continuar a bater em portas, a pegar o telefone ou de algum modo continuar a gerar leads, mais cedo ou mais tarde vai fechar uma venda.

Quero dizer, olhe para mim. Até um garoto bobo com um terno ruim batendo em uma porta atrás da outra finalmente fez uma venda. Acho que foi Zig Ziglar que disse que se você prender seu cartão de visitas em um cachorro e soltá-lo pela cidade, um dia alguém vai ligar e você vai fazer uma venda. Com o tempo. Todo gerente de vendas que eu conheço repete o mantra da indústria como se fossem drones pós-lavagem cerebral: "É um jogo de números. É um jogo de números."

Hum... não.

Como você viu com os profissionais de telemarketing do Instituto Pollard, nosso objetivo não era apenas falar com o maior número de pessoas possível. Nós queríamos falar com as pessoas certas. Queríamos passar mais tempo com menos pessoas.

Por exemplo, se eu fosse a um clube de futebol e falasse com mil pessoas, tenho certeza de que pelo menos uma delas seria dona de um negócio querendo treinamento. Minha taxa de conclusão seria de uma em mil. Se, em vez disso, eu fosse a mais 93 negócios e fizesse uma venda, minha taxa de conclusão seria de uma em 93. Qual delas você gostaria? Falar com mais mil pessoas antes de conseguir outra venda ou com apenas outras 93?

Ainda assim, as pessoas insistem em trabalhar mais: pagar por mais posts patrocinados no Facebook, fazer mais ligações, gastar mais em publicidade, enviar mais catálogos, conseguir listas de e-mail maiores, visitar mais empresas, otimizar seu website, ir a mais eventos de networking, cobrir uma área maior – mais e mais e mais.

Também há aquelas para quem tudo isso parece demais e por isso elas se fecham, sem fazer nada (voltando ao *Paradoxo da escolha*).

Quando você está otimizando uma linha de produção, quer fazer mais com menos: menos esforço, menos matéria-prima, menos energia, menos desperdício, menos horas de trabalho. A maioria de nós, introvertidos, preferiria levar um soco no estômago a ter que falar com uma fila interminável de pessoas, a maioria das quais vai nos rejeitar antes mesmo que consigamos dizer nossa segunda frase. Nós queremos minimizar o número de estranhos com quem temos que falar e para quem vender.

Em vendas, nós não queremos fazer mais. Nós queremos fazer *menos*.

SEJA SIMPÁTICO COM A SECRETÁRIA

Com este Terceiro Passo (qualificação), é exatamente disso que estamos atrás. Queremos falar com o menor número de pessoas e fazer o maior número de vendas possível.

Dito isso, ainda temos que lidar com os guardiões do portão.

Não esqueça que eles têm enorme influência sobre seu acesso ao tomador de decisões. Você precisa estabelecer uma relação com eles assim como precisa estabelecê-la com a pessoa com quem acabar falando. Você quer obter o máximo possível de informação sobre o responsável pela tomada de decisões, além de empolgá-los a ponto de quererem passar sua informação adiante. O guardião do portão – seja um recepcionista ou o gerente de vendas subordinado ao diretor de operações – pode ser o responsável por reenviar seu e-mail ou transmitir seu recado telefônico... Ou jogá-los no lixo. Se eles estiverem do seu lado, eles podem até defender sua causa.

Então, mesmo que no fim você queira falar com o tomador de decisões, às vezes, você precisa começar vendendo para o guardião do portão, especialmente no caso de inbound leads. Com o cara da associação comercial, por exemplo, eu não podia simplesmente dizer: "Ei, você obviamente não é a pessoa responsável. Mande seu chefe me ligar." Isso ia acabar com as minhas chances de trabalhar com eles.

Em suma, venda a eles a ideia de botar você em uma reunião com os chefes. Mesmo que eles tenham a tarefa de obter informação, há perguntas que eles não conseguem responder. Explique que você quer projetar o que está vendendo para que se encaixe exatamente com aquilo que eles precisam.

Você não deve de jeito nenhum tentar fechar a venda (porque eles não podem decidir por ela). Além de tudo isso, guardiões do portão podem ter os próprios objetivos. O chefe pode querer algo que eles acreditam que possa botar em risco sua segurança no emprego ou torná-los menos valiosos.

Ao reconhecer que você está falando com um guardião do portão, você pode se concentrar no verdadeiro objetivo: chegar ao responsável pela tomada de decisões. Você não pode deixar que o guardião do portão seja seu representante.

POR QUE ESTE É O TERCEIRO PASSO?

Se você está prestando atenção, viu que a qualificação foi a primeira etapa em muitas de minhas histórias – descobrir se você está falando com a pessoa certa.

Então por que a qualificação é listada como Terceiro Passo em meu processo de vendas?

Primeiro, apenas nas reuniões de vendas mais diretas (basicamente cold calling, como telemarketing e vendas de porta em porta) você pode conseguir passar rápido pelo guardião do portão. A maioria das interações de vendas exige um pouco mais de trabalho antes que você possa simplesmente perguntar: "Você tem autoridade para tomar esta decisão?" Uma gerente de vendas, por exemplo, pode se incomodar com a pergunta, mesmo que o chefe dela seja quem no fim toma a decisão. Um marido em uma revendedora de automóveis pode se irritar, mesmo que seja sua esposa quem administre as finanças. Em vendas complexas, como de software empresarial, você pode ter que passar por vários níveis administrativos até finalmente conseguir falar com o chefão.

Assim, a qualificação vem depois do relacionamento e das perguntas para que você não mate a venda antes mesmo de começar. Ela permite que você determine se pode ir em frente e fechar a venda ou se outra pessoa é a responsável pela tomada de decisões.

Enquanto eu trabalhava nesta seção, tive uma grande ligação com um cavalheiro que possuía uma empresa de chás detox de um milhão de dólares. Ele telefonou porque queria aumentar suas vendas on-line. Nós discutimos quantas empresas on-line usavam uma pessoa para construir a marca. Pessoas gostam de comprar de pessoas, não de empresas sem rosto. O Facebook tem Zuckerberg, a Apple tinha Jobs, a Progressive tem Flo e a Virgin tem Richard Branson.

Eu disse: "Se formos criar uma marca pessoal em torno de sua empresa, ela seria você? Ou seria outra pessoa?"

Ele disse: "Ah, não, seria minha esposa. Primeiro, ela é mais bonita que eu, e segundo, ela é superenvolvida com nutrição e está sempre muito empolgada para compartilhar sua experiência com o mundo."

Assim que ele introduziu o fato de que a esposa seria a porta-voz ideal, ficou óbvio que ela precisava comprar essa ideia também. Ou seja, eu tinha acabado de identificar outro tomador de decisões fundamental nessa venda. Isso mudou minha abordagem de tentar vender para ele para deixá-lo empolgado em relação a colocar a esposa ao telefone para que eu pudesse vender para os dois.

Eu me lembro de brincar com ele, dizendo: "Ela parece perfeita, mas para garantir que estamos alinhados, sugiro marcar outra ligação com todos para planejarmos juntos o caminho a seguir. Além disso, se eu fosse você, consultaria minha esposa para ver se ela concorda antes de tomar uma decisão como essa!"

Sendo um marido inteligente, ele concordou.

AS PESSOAS ADORAM QUALIFICAR

Aqui está a outra face brilhante da moeda da "qualificação".

Não muito tempo depois de aprender que eu precisava falar com a pessoa certa, aprendi a matar dois coelhos com uma cajadada. Descobri um jeito de ser visto como consultor e ao mesmo tempo chegar ao responsável pela tomada de decisões usando estas frases: "Olá, meu nome é Matthew. Estou aqui em nome da Ozcom para falar de um pacote econômico que acabou de ser lançado em sua área. Estou aqui apenas para ver se você se qualifica para tê-lo. Você é a pessoa certa com quem devo falar?"

As pessoas adoram qualificar. Todo mundo gosta de sentir que é bom o bastante para entrar no clube, no grupo de candidatos, no círculo interno, ou seja lá o que for. A qualificação dá um ar de exclusividade ao que quer que você esteja oferecendo. Eu até ouvi clientes em perspectiva dizerem: "Não estou interessado em educação" – ou mudar de provedor de serviços de telefonia, ou coaching de negócios ou qualquer coisa que eu estivesse vendendo –, "mas fico grato em saber que eu me qualifico". Então eles acabavam assinando.

Não importa que todo mundo se qualifique (como com os planos de telefonia que eu vendia) ou se há critérios que apenas alguns poucos conseguem cumprir (como com o American Express Black). Todo mundo quer se sentir parte de um grupo seleto.

Com seu processo de vendas, não estou sugerindo que você deva dizer a todo cliente em potencial que eles podem não se qualificar para trabalhar com você. O princípio aqui, se for apropriado, é introduzir a ideia de que eles podem não ser "bons o bastante" para fazer negócios com você.

O que estamos acionando aqui é a mentalidade de se comparar com os outros, assim como o medo fundamental da perda. Nós odiamos perder alguma coisa. Estudos atrás de estudos mostram que, tendo duas escolhas, as pessoas, em sua grande maioria – às vezes até de forma irracional –, escolhem preservar o que têm em vez de correr um pequeno risco por uma recompensa maior. Ou seja, somos mais motivados pelo medo de perder alguma coisa que pela quase certeza de ganhar outra, *mesmo que isso não faça sentido*.

Basicamente, você quer fazer uma versão profissional de jogo duro. Você não quer soar desesperado. Você está levantando a hipótese de se é possível trabalhar junto com o cliente em potencial. Nem todo mundo se qualifica, e quanto melhor você ficar em vendas e em seu negócio em geral, mais verdadeiro isso se torna.

Quando comecei a me apresentar desse jeito, proprietários de negócios imediatamente me consideravam mais do que outro vendedor de porta em porta. Eu não estava tentando vender algo a eles; eu estava ali para ver se eles se qualificavam para comprar alguma coisa. Essa pequena mudança na escolha de palavras resultou em uma grande mudança de percepção.

Se a primeira pessoa com quem eu falava era um guardião do portão, o resultado era o mesmo que antes: eles diziam não e então iam chamar o chefe. Eles não sabiam o que estava acontecendo, mas sabiam que estava acima do nível deles.

Eles iam até o escritório nos fundos e diziam: "Ei, tem um cara aqui para ver se você se qualifica para alguma coisa." O proprietário do negócio ficava imediatamente intrigado e saía para ver a que ele podia ou não se qualificar. Melhor ainda, eu era automaticamente elevado de ser visto como um vendedor para ser visto como outra coisa (de forma ideal, um consultor). Mais uma vez, simples, mas muito eficaz.

É muito mais fácil atrair a atenção dos clientes fazendo com que eles se sintam exclusivos ou da elite do que sendo um vendedor agressivo comum.

5

não venda – conte

(QUARTO PASSO: VENDAS BASEADAS EM STORYTELLING)

Somos uma espécie viciada em histórias. Mesmo quando o corpo vai dormir, a mente permanece acordada a noite inteira contando histórias para si mesma.

– Jonathan Gottschall

Richard Hurley ensina piano para crianças autistas.

Se essa frase não toca as notas de seu coração, você deve ser feito de um material mais duro que eu. Quando conheci o homem depois de um evento em que palestrei, pensei que ele se qualificava para algum tipo de santidade. Que missão incrível à qual dedicar a vida.

Infelizmente, nenhuma boa ação fica impune. Enquanto Richard, no lado pessoal, adorava o que fazia, profissionalmente o negócio era um desafio. Na verdade, ele tinha se convencido de que o negócio devia ser uma batalha – que o que ele encarava era apenas uma parte normal disso.

Acredite se quiser, o problema não era encontrar alunos em potencial. Richard operava em uma localização geográfica definida (a área metropolitana de Austin), em uma comunidade muito bem conectada de clientes-alvo (escolas, grupos de apoio, grupos de atividade e outras instituições para crianças autistas e suas famílias).

O problema também não era chegar às famílias. Listas de e-mail, grupos de internet e o patrocínio de eventos botavam Richard em contato com quase todos os pais de alunos em potencial.

Não havia desconexão para as pessoas entenderem o que ele oferecia. Crianças fazem aulas de piano desde que os pianos foram inventados.

Credibilidade não era uma questão. Richard tinha escrito um livro, *Baby Cheetah Plays Piano*, e até desenvolveu um aplicativo para iPhone, o Chroma Cat. Ele tinha boas conexões e era bem visto na comunidade de necessidades especiais de Austin. O preço não era o principal problema; esses mesmos pais gastavam a mesma quantia ou mais em outras atividades para seus filhos.

"Está bem, Richard, então parece que você não tem problemas em falar com as pessoas por telefone, nem mesmo em levá-las até sua sala de música. Então o que poderia ser?", perguntei.

"Eu... Eu não sei mais o que dizer. Eu ensino piano para crianças autistas. É isso o que faço."

Mais uma vez, venda os benefícios (o que faz), não as características (o que é). Isso remete à frase de Theodore Levitt sobre comprar uma furadeira versus um buraco na parede. Mas listar os benefícios de uma criança autista aprender piano – ela vai gostar, isso dará a ela uma válvula de escape, é recompensador – não captura a imaginação. Tudo parece bom, mas você tem que se colocar no lugar dos pais. Dependendo das necessidades únicas da criança, apresentar algo novo e potencialmente estressante em sua rotina pode ser perturbador. Não é apenas a decisão de inscrever ou não seu filho em aulas de piano. É uma decisão familiar que exige muito planejamento, compromisso e mais quebras de rotina. Era uma decisão à qual os pais de seus alunos davam muita importância.

Comparando os benefícios apresentados por Richard com o custo – financeiro e emocional – de aulas de piano, a maioria dos pais escolhia dispensar o trabalho extra e continuar com a vida do filho como estava.

Mesmo para aqueles que estavam dispostos a fazer mudanças, era difícil justificar o custo. Por que ele era tão mais caro que um professor de piano comum? Era "só" piano, certo? Claro, ele foi indicado, mas uma indicação não é nada mais que "Eu acho que você deveria experimentar isso" ou "Meu filho tira muito proveito disso". Não é o suficiente para vender.

Depois de ouvir isso, disse a Richard que precisávamos descobrir por que seus alunos antigos permaneciam matriculados. O que esses pais viam ou experimentavam que fazia com que sentissem que o custo valia a pena? Mas em vez de apenas listar o que isso podia ser, pedi a Richard para me contar uma história.

"Bom, eles sempre falam como seus filhos não são comunicativos e como é difícil atraí-los. Mas depois que uma mãe viu o filho tocar 'Valsa Minuto' de Chopin em casa... Foi como se ela de repente enxergasse a verdadeira *pessoa* no interior dele. A maioria dos pais com filhos autistas se sente isolada. Eles trabalham incansavelmente para dar uma vida boa para seu filho, mas muitas pessoas ao redor acham que estão loucos. Seus amigos e familiares frequentemente acreditam de forma equivocada que uma criança autista não tem total consciência do mundo ao seu redor. Mas quando ele tocou aquela música – de repente, ali havia validação. Alice viu o ser humano por trás do autismo severo. Foi um dos momentos mais bonitos de sua vida."

Eu disse: "Richard! É isso! Conte a eles essa história! Não diga aos pais que é recompensador, nem que isso faz com que a criança se abra mais. Deixe que eles sintam essa conexão emocional. Deixe que experimentem como é."

Depois de ver aonde eu queria chegar, Richard começou a lembrar outras histórias: como o fisioterapeuta de um aluno ficou impressionado com o progresso e com uma cooperação recém-descoberta; como outra mãe exibiu o talento musical do filho em uma festa de Natal familiar; como o pai reduziu o isolamento entre ele e o filho ao compartilharem o piano.

Eu disse: "Isso é perfeito. Faça o seguinte: quando estiver falando com os pais, pergunte a eles por que se interessaram por você. Quando disserem 'Soube que você ensina piano para crianças autistas', você responde: 'Ensino. E adoro fazer isso. É uma grande experiência tanto para a criança quanto para seus pais. Muitos pais se sentem isolados, fazendo o possível para dar uma boa vida para o filho enquanto muitas pessoas em volta não entendem isso – elas acham que os pais são loucos por investir tanto tempo e dinheiro. Mas quando veem que a criança se expressa lindamente através do piano, elas a veem sob uma luz totalmente nova. Deixe-me dar um exemplo. Uma cliente recente, Alice...' E então você conta a eles a mesma história que acabou de me contar."

Você não sente a conexão emocional? Mesmo pelo mais breve dos momentos, seu coração não se abriu um pouco? Você não consegue perceber como pais ouvindo essa história desejariam isso para o filho? Se você tivesse um filho autista, você não iria querer o que Alice experimentou? Se você tivesse um filho com necessidades especiais e ouvisse histórias emocionantes sobre como aprender piano tinha mudado a vida dessas crianças e a dos pais, como você poderia dizer não?

Vê como descartamos uma resposta lógica de benefício versus preço e a transformamos em um motivador emocional por trás da decisão? É isso o que você precisa fazer. Não venda características e benefícios. Conte uma história.

INCLUA A SITUAÇÃO EM UMA HISTÓRIA

Aqui estamos nós, no ponto principal da venda.

Tudo em um sistema de vendas se combina para fazê-la funcionar completamente, mas histórias são o combustível principal. Se você estabeleceu relacionamento e credibilidade, estabeleceu objetivos, chegou diante do responsável pela tomada de decisões e fez perguntas inteligentes, ótimo – mas você ainda não propôs nada. Você não botou uma oferta na mesa. Você ainda não disse a eles como pode deixar suas vidas melhores, fazer a conta bancária aumentar ou sua sogra amá-los mais. Tudo o que você fez foi descobrir que eles têm um problema que você pode resolver.

- **Problema:** Os pais querem mais para seu filho.
- **Característica da solução:** "Eu ensino piano para crianças autistas."
- **Benefício da solução:** "Elas gostam. Isso dá a elas uma válvula de escape. É recompensador para pais e filhos."

Viu? Nada disso capta a bonita essência do que Richard Hurley oferece. Para capturar o benefício emocional, ele precisava de espaço para contar uma história: um antes e um depois, com um final feliz.

Agora, e se você vende protetores para janelas e portas como meu cliente Trey? É difícil ficar emocionado pagando por uma coisa que você não vai nem perceber embaixo do batente da janela.

Mas quando escuta a história de um dos clientes de Trey, você não pode evitar a emoção. O cliente economizou para construir a casa dos sonhos, mas não percebeu que as janelas e portas não foram instaladas com protetores de metal ao redor.

Cerca de três anos depois, ele percebeu algumas bolhas em torno do batente. Ele não deu importância a isso, culpando talvez o clima, e apenas pintou por cima. Depois de mais dois anos, descobriu que as bolhas vinham das portas e janelas, que estavam vazando constantemente água da chuva por dentro das paredes até as fundações.

Ele descobriu que a casa – seu castelo – estava cheia de mofo.

Teve que remover a família, contratar pessoas com trajes de segurança para limpar o mofo e consertar ou substituir as áreas danificadas. O dano causado pela água custou mais do que ele pagou originalmente para construir a casa inteira!

Milhões de americanos são vítimas de um infortúnio parecido, e a casa da maioria deles foi construída por empreiteiros profissionais. Algo similar aconteceu com a casa dos sonhos do próprio Trey. Depois da primeira grande chuva, havia água por toda parte. Na verdade, os empreiteiros não haviam instalado corretamente a proteção nas portas e janelas. Trey queria garantir que o que tinha acontecido com ele não acontecesse com mais ninguém.

Ele inventou um protetor contra água fácil de instalar para batentes de portas e janelas, para impedir que o pesadelo que ele e tantos outros viveram acontecesse com outros proprietários de casas.

Vê? Você não precisa contar a história de sua vida. Ela pode ser bem curta. A história do piano é curta. A de Trey, também. As histórias levam três minutos para serem contadas em voz alta, e ainda assim têm mais força que uma hora listando características e benefícios.

A CIÊNCIA DO STORYTELLING

Quando comecei a usar storytelling em meus pitches de vendas, pude ver que funcionava, embora eu não soubesse por quê. Anos mais tarde, descobri as pesquisas acadêmicas (incluindo neurociência) sobre as diferenças entre receber informação direta e ouvir uma história.

As diferenças fisiológicas me impressionaram. Por exemplo, pesquisadores na Espanha descobriram que, quando participantes liam palavras que invocavam o sentido do olfato (por exemplo, *perfume* e *café*), áreas do cérebro diferentes se iluminavam em comparação com quando liam palavras não sensoriais (por exemplo, *cadeira* e *chave*). Em outras palavras, quanto mais sensoriais as palavras, mais atividade envolvida.

Em 2011, o estudo em neurociência do psicólogo Raymond Mar forneceu evidências de que usamos as mesmas partes do cérebro para entender histórias e entender pessoas. Para traduzir a pesquisa em linguagem de vendas: histórias ajudam o receptor a se identificar com o narrador e entender melhor seu "quem", "o que" e "por quê".

Talvez uma das abordagens mais amplas na investigação do poder das histórias em afetar pessoas venha do dr. Paul Zak, um colega do falecido guru da administração Peter Drucker cuja pesquisa foi financiada por nada menos que a DARPA (a lendária Defense Advanced Research Projects Agency, Agência para Defesa de Projetos de Pesquisa Avançados). Seus estudos sobre os efeitos da oxitocina (um químico natural que, entre outras coisas, faz com que nós sintamos empatia por outras pessoas) e o storytelling mostram uma correlação direta entre histórias e confiança. Ele até criou o termo *neurogerenciamento* para descrever como gerentes podem usar as histórias para criar uma cultura de confiança no ambiente de trabalho.

Além disso, há os chamados Objetos Significativos.

Em 2009, Josh Glenn e Rob Walker criaram um experimento. Eles compraram ou reuniram duzentos objetos: quinquilharias, badulaques, reproduções e outras coisinhas. Não pagaram mais de 1,50 dólar por nenhum item. Então, reuniram quase cem escritores para escreverem histórias curtas de algum modo relevantes para os pequenos objetos. Com os textos em mãos, eles botaram cada objeto à venda no eBay com a história como descrição do objeto – eles não mentiram, enganaram ou enrolaram os compradores em potencial. Às vezes, as histórias eram pura fantasia e claramente irreais, como a de uma criança presa dentro de um pequeno globo de neve.

Um cachorro-quente de plástico tinha uma história relembrando o conto de fadas do Pequeno Polegar e o ratinho Hunca Munca encontrando um falso banquete em uma casa de bonecas. A última frase da descrição dizia: "Eu guardo o cachorro-quente para lembrar que a comida não precisa ser bonita."

Não há nada de especial no cachorro-quente. Você provavelmente pode ir a uma loja de 1 dólar e encontrar todo um conjunto de comidas de brinquedo de plástico. Mesmo assim, esse cachorro-quente de plástico – comprado por 12 centavos – foi vendido no eBay por 3,58 dólares.

No primeiro experimento do Projeto Objetos Significativos, 128,74 dólares em quinquilharias foram vendidos por incríveis 3.612,51 dólares. Eles fizeram o projeto novamente. Funcionou outra vez. Eles fizeram isso uma terceira vez. Venderam algumas centenas de dólares em entulhos por milhares (tudo doado para instituições de caridade e para os escritores que colaboraram com o projeto).

Vamos analisar. Os compradores do cachorro-quente ou do globo de neve de plástico claramente sabiam que não estavam comprando nada especial. Eles podiam encontrar algo parecido (mesmo que não exatamente o mesmo item) em qualquer bazar para desentulhar a casa ou loja de quinquilharias. A história, no máximo, só envolvia tangencialmente o objeto. E mesmo assim, duzentas pessoas estiveram dispostas a comprar algo quase sem valor por, em média, 2.800% mais do que tinha sido originalmente vendido... Tudo porque elas leram uma boa história. Se histórias podem vender quinquilharias como essas, imagine o que podem fazer para vender um produto ou serviço incrível como o seu!

CONSTRUINDO SUA PRIMEIRA HISTÓRIA

Você tem histórias, mesmo que não saiba disso.

Mesmo que tenha começado seu negócio ontem, você viu, ouviu ou leu sobre outras pessoas. Você tem experiências pessoais relacionadas. Tem histórias de seu empregador anterior. E, para começar, você só precisa de uma história boa.

É mais fácil para nós, introvertidos, contar histórias que vender benefícios. Benefícios são uma lista de coisas que você diz e acredita que o cliente quer ouvir. Os benefícios não têm coração nem alma. Listá-los parece antinatural e sem autenticidade. Além disso, lembrar-se dos benefícios na ordem é incrivelmente difícil, em especial no meio de uma reunião de vendas. Quando eu tentava memorizar uma lista, minha língua travava e eu sempre me esquecia de pelo menos um componente.

Vamos dizer que eu lhe dê uma lista de três coisas: comida, cadeira, cama. Se em um ano eu pedisse a você para repetir essa ordem, você talvez não se lembrasse nem da conversa, muito menos da lista.

Entretanto, você poderia me contar a história de *Cachinhos dourados e os três ursos*. O que ela fez? Ela comeu a comida deles, quebrou as cadeiras e dormiu em suas camas. Você não teria dificuldade para lembrar da mesma sequência de coisas da minha lista, com uma história infantil que você talvez não ouvisse há anos.

A professora Jennifer Aaker, em Stanford, descobriu que as pessoas têm 22 vezes mais chances de se lembrar de informações transmitidas por meio de uma história que quando listadas em ordem simples. E o dr. Uri Hasson, em Princeton, encontrou evidências do que se chama de "pareamento neural": quando ouvimos uma história, nosso cérebro começa a sincronizar com o do narrador; as mesmas partes do cérebro se tornam ativas ao mesmo tempo. Contar uma história é o mais perto de telepatia que podemos chegar.

Histórias fluem naturalmente. Estamos todos acostumados a contar histórias, da vez em que caímos na lama quando éramos crianças até um feriado louco em família. Além disso, você já contou essas mesmas histórias inúmeras vezes. Quanto mais você conta, melhor fica.

Pense na história de como você conheceu sua cara-metade. A primeira vez que você contou isso, provavelmente pareceu um pouco complicado. Depois de contá-la várias e várias vezes, provavelmente percebeu que, em algumas partes, as pessoas pareciam se desinteressar, mas em outras partes, seus olhos brilhavam com interesse. Naturalmente, você passou a se apressar nas partes em que a história se arrastava, ou as pulava. Você pode até ter começado a dramatizar ou a acrescentar detalhes às partes mais interessantes para torná-las mais engraçadas ou empolgantes. Faça isso o bastante, e você vai acabar com uma obra-prima teatral.

Por que as histórias para seu cliente seriam diferentes? Tudo o que você precisa fazer é encontrar umas duas histórias que de algum modo transmitam o valor do que você vende, e contá-las bem.

Sem dúvida, a essa altura, uma voz em sua cabeça começou a protestar: "Mas eu não quero parecer um robô!" Lembre-se do filme que mais gosta com seu ator favorito. Não foi a falta de autenticidade que o fez amar a interpretação do personagem, foi? Entretanto, suas palavras saíram de um roteiro.

Você pode estar achando que roteiros de vendas são automáticos porque você ouviu profissionais de telemarketing e vendedores parecerem seguir um roteiro. Tenho certeza que você viu atores ruins fazerem a mesma coisa. Mas o que separa os bons atores dos ruins, assim como os bons vendedores dos ruins, é a dedicação deles em dominar o roteiro. Eles se apossam do roteiro. Para conseguir isso, assim como um ator profissional, você precisa começar aprendendo as falas do roteiro com 100% de precisão.

Você não pode sentar ali e lê-lo. É por isso que profissionais de telemarketing parecem tão robóticos. Eles estão apenas lendo em voz alta. Um bom vendedor decora seu discurso e o ensaia várias vezes até que pareça natural.

Eu tinha um vendedor que seguia meu treinamento religiosamente. Ele me gravou dizendo o roteiro da equipe e então reproduzia isso durante sua corrida matinal na esteira, depois em seu toca-fitas a caminho de reuniões. Não foi surpresa que suas vendas estivessem sempre entre as melhores.

Se você não sabe por onde começar, vou simplificar para você. A estrutura a seguir lhe dá uma ideia do trabalho em que se concentrar, a duração que os elementos devem ter e os componentes que sua história deve incluir.

Mas não a conte sem preparação. Estamos lidando com seu meio de vida – a diferença entre você ir atrás de seu sonho e ter de encontrar outro emprego. Escreva-a e ensaie, ensaie e ensaie.

1. **O problema:** O início da história. Comece com o ponto onde a pessoa estava: esse era seu problema, essa era sua situação e esse era seu estado emocional (o retrato do "antes"). Você quer descrever o que está acontecendo para que seu cliente veja que você realmente entende o que ele está enfrentando. Valorize a preocupação, o estresse pessoal, a ansiedade e a frustração, como o medo de perder tudo ou a esperança de se conectar com o filho. Use palavras sensoriais: o cheiro gostoso de *café*, o cheiro úmido do *mofo*. Você quer que eles sintam e se vejam na história com as mesmas dores e desejos.
2. **Análise e implementação:** É necessário resumir como você analisou a situação deles e sua sugestão para resolver o problema. Descreva o momento da compreensão: eles agora veem que estavam atrapalhando a si mesmos ou não tinham a perspectiva

correta em relação ao próprio desafio. Em seguida, fale sobre o que tiveram que fazer para alcançar a solução – ou seja, que eles trabalharam por três meses direto. Acima de tudo, *não ensine*. No momento em que você fala como um professor, você coloca o ouvinte no papel do aluno. Ninguém gosta de sentir que está de volta à escola. Você não está ali para dar uma aula, está ali para motivar e inspirar (como fazem todas as boas histórias) enquanto compartilha uma moral que se relaciona com as necessidades do cliente.

3. **Resultado:** Aqui, você conta a parte do "depois" da história: eles tiveram seu retorno, mudaram sua perspectiva, perderam vinte quilos, reconectaram-se com um irmão há muito perdido. Ao fazer isso, reestabeleça de onde eles vieram e onde estão agora: "Então Alex passou de estar afogado em dívidas de cartão de crédito e de gastar horas e horas escrevendo propostas monstruosas que ninguém lia para fazer o negócio crescer até um valor de sete dígitos, sem nada mais que uma reunião inicial e alguns tópicos em um e-mail."

4. **A moral da história:** Por que o cliente precisa dessa implementação. Aqui, você diz: "Por isso, é de vital importância passar tempo aprendendo o processo de vendas. Alguns poderiam dizer: 'Bom, isso é muito trabalho.' Mas quando você leva em conta todos os eventos de networking em que Alex ia para marcar reuniões, comparecer às reuniões, escrever aquelas propostas longas e os e-mails de follow-up – às vezes por semanas e meses –, e o que todas essas atividades custavam para ele, só para obter 'Não estou interessado' como resposta... Se você pensar nisso, não é muito trabalho aprender o processo de vendas, mas é muito trabalhoso continuar evitando fazer isso."

Este ponto é muito importante e precisa ser repetido: não é trabalhoso aprender a vender. Porém, *é* muito trabalhoso continuar a evitá-lo.

não discuta – acrescente

(QUINTO PASSO: LIDANDO COM OBJEÇÕES)

O tato é a arte de defender seu ponto de vista sem fazer um inimigo.

– Sir Isaac Newton

Thomas trabalhava na filial de Austin da Colliers International, uma empresa imobiliária internacional. Seus chefes estavam prestes a demiti-lo porque sua natureza introvertida simplesmente não produzia resultados em vendas. Desesperado por ajuda, ele conseguiu que seu chefe me contratasse para uma consultoria, com a intenção de ajudá-lo a descobrir como ser um vendedor de sucesso apesar – e escrevo isso com sarcasmo – de sua natureza introvertida.

Na verdade, eles me contrataram para treinar não apenas Thomas, mas outros dois vendedores da equipe. Esses colegas de trabalho eram "talentos naturais" – falavam bem, eram extrovertidos e vendedores de sucesso. Eles viam cada telefonema, cada reunião de vendas e toda interação como uma batalha a ser vencida, e as objeções do cliente, como um inimigo a ser derrotado.

Um vendedor era especialmente agressivo. Ele chegou ao ponto de apelidar a si mesmo de "buldogue". Ele conhecia as táticas, conhecia o terreno e sabia atravessar o campo minado das objeções.

Toda manhã, ele se enchia de café, pegava o telefone e emendava uma ligação na outra, se impondo sobre as pessoas em sua marcação incansável até a vitória. Ele me contou histórias sobre como ficava de pé, com os punhos plantados na mesa, gritando ao telefone com o cliente do outro lado da linha.

Uau. Que jeito de viver.

Eu reuni os três vendedores e disse: "Gente, experimentem isto: quando ouvirem uma objeção, em vez de insistir com os clientes até que eles desistam, simplesmente contem uma história para eles."

Bem, se você for como eu ou qualquer dos introvertidos que conheço, quando você escuta uma objeção, precisa de um momento. Você precisa pensar em como responder. Eu citei Lesley Sword mais cedo: "Introvertidos precisam de tempo para 'digerir' a informação antes de responder a ela." Nós gostamos de pensar bem em nossas respostas; não somos particularmente conhecidos por nossas réplicas instantâneas e provocadoras. Quando alguém apresenta uma objeção, nosso instinto natural é nos recolher em nós mesmos. Por isso, ficamos sem palavras.

Não seria ótimo se você pudesse simplesmente apertar o botão de pausa por um segundo e perguntar a si mesmo: "Agora, qual de minhas histórias se encaixaria com essa preocupação?"

Tenho boas notícias: há uma solução. Eu a chamo de "amortecedor para lidar com objeções". É uma frase que você vai dizer como reação automática toda vez que seu cliente puser alguma objeção. É algo para preencher o espaço tão bem ensaiado que sai de forma automática; enquanto isso, catalogamos mentalmente as histórias em nosso arsenal e escolhemos a melhor.

Sempre ensino meus clientes a dizerem: "Entendo perfeitamente, e a última coisa que quero fazer é desperdiçar nosso tempo, porém..." Então, se o cliente apresentar outra objeção, os vendedores devem usar uma versão mais curta da mesma frase: "Entendo perfeitamente, porém..."

A razão pela qual eu sugiro que eles usem exatamente essa frase é porque eu sei que funciona. Ela foi testada e experimentada da Tasmânia até o Texas. Dito isso, você precisa ser autêntico. Se essa frase não parecer autêntica para você, experimente encontrar algo que seja. Então ensaie, ensaie, ensaie. Você precisa que sua resposta seja instantânea. Assim, sua boca está se movendo enquanto seu cérebro está funcionando, escolhendo a história certa para lidar com a objeção.

(Uma observação: Nunca use a palavra *mas*. Ela nega tudo o que a precede. Imagine alguém lhe fazendo o elogio: "Sabe, isso ficou lindo em você, mas..." Eles podem muito bem esquecer a parte simpática, porque tudo o que você vai ouvir é o que vem depois. Ao lidar com uma objeção, você precisa garantir que o cliente saiba que você o escutou; você precisa validar o ponto de vista dele, não negá-lo.)

Para os dois extrovertidos da Colliers, esse amortecedor de objeções forneceu um benefício adicional: ele os forçava a se manterem calmos mesmo quando queriam gritar ao telefone. Para Thomas, o introvertido, isso lhe dava um momento para preparar sua resposta.

Como discutimos no capítulo 5, você não quer ir de encontro à objeção. Em vez disso, conte uma história para os clientes. Tenha uma história na manga de alguém "igual" a eles que tinha uma preocupação parecida, mas mesmo assim decidiu ir em frente com uma decisão, e hoje está muito grato por ter feito essa escolha – que é o que você acredita ser aquilo que o cliente à sua frente também quer.

Quando expliquei isso para os três vendedores, eu disse: "Pode ser uma história sobre um cliente parecido e como suas preocupações foram tranquilizadas quando fizeram negócio com a Colliers. Pode ser sobre um sucesso recente que você ou sua equipe tiveram. Pode ser sobre alguém que tinha exatamente a mesma objeção e como decidiu seguir em frente mesmo assim. Apenas conte a eles uma história."

O guerreiro das vendas movido a café disse: "Matthew, eles desligam o telefone, por isso sou rápido e vou direto ao ponto – em média, cerca de oito segundos. Você quer que eu conte uma história longa e espere que fiquem na linha? Eles vão é desligar ainda mais rápido."

Depois de mais consultoria e coaching – nos quais contei histórias sobre como lidar com objeções para superar as objeções deles –, os dois vendedores experientes finalmente estavam prontos para experimentar. Quando ouviam "É cedo demais para olharmos para isso", "Já temos uma corretora" ou "Não estou interessado", eles aprenderam a conter seu hábito arraigado de brandir a espada e atacar.

Em vez disso, em resposta a alguém que disse ter tempo demais pela frente em seu aluguel atual para se preocupar com outro, o buldogue disse: "Entendo perfeitamente, e a última coisa que quero é desperdiçar seu tempo. Na verdade, tivemos um cliente, John, que nos disse a mesma coisa seis meses atrás. Eu disse a ele que, com o crescimento de Austin, os imóveis comerciais estão alugando rápido, e se ele esperasse demais, poderia perder a oportunidade de tirar proveito do bom desconto que vem com as novas construções. Ele resolveu me dar o benefício da dúvida, e ficou grato por fazer isso. Se ele tivesse adiado um pouco mais, teria perdido centenas de milhares de dólares. Então, como eu disse, não quero desperdiçar seu tempo, mas pode valer a pena uma discussão para garantir que você não perca a mesma oportunidade."

As pessoas podem discutir com a lógica e com os fatos; as histórias vão além disso tudo. Em vez de transformar os argumentos em discussão ou de tentar passar por cima das pessoas – "Por isso, nada que você disse é válido", o que faz com que você pareça estar pressionando e força elas a acreditar ou não em você –, uma história lida com as preocupações dos clientes, legitima seus medos e lhes dá alguma prova de que você ajudou outras pessoas a lidar com a mesma situação, tudo sem refutar diretamente os argumentos e afirmações dos clientes.

É fácil para eles discutirem com números ou supostos benefícios, mas é mais difícil afirmarem que histórias sobre seus outros clientes não são válidas. Na verdade, o que eles vão fazer? Chamar você de mentiroso?

Isso suaviza a conversa e desarma o cliente, porque você não o atacou nem atacou suas preocupações. Você está apenas contando uma coisa que aconteceu com outra pessoa e observando as semelhanças.

Então, como isso funcionou com a Colliers? Ao se tornarem contadores de histórias, eles não apenas atingiram seu objetivo maior. Nos dois primeiros meses, essa filial – já uma das maiores empresas imobiliárias de Austin – acrescentou um milhão de dólares a seu pipeline de vendas. Em doze meses, mais que dobraram o faturamento da empresa.

Por quê? Hard sells não funcionavam bem com executivos de alto escalão que tomavam decisões comerciais imobiliárias. Profissionais experientes – os "casca-grossa" – sabem defender-se de vendedores que forçam a barra (especialmente se são jovens). Ao contar histórias, a equipe da Colliers mudava a conversa de sim/não para "história e concessão". Executivos estavam mais propensos a ouvir uma história sobre alguém como eles do que deixar que um vendedor ficasse ao telefone usando táticas de alta pressão. A equipe começou a fechar vendas maiores devido a mais compras de pessoas nos altos escalões.

Thomas, o introvertido, se tornou o vendedor número um, superando não apenas os extrovertidos, mas os chefes da empresa – o primeiro associado júnior a fazer isso! Mudar para vendas com base em storytelling funcionou tão bem que, hoje, a equipe inteira tem uma reunião semanal de meia hora para compartilhar histórias de clientes uns com os outros.

Isso mesmo: toda semana, o buldogue vai para a "hora da história".

EVITE OBJEÇÕES

Descobri histórias de objeção por acaso. Quando comecei a vender de porta em porta, uma das objeções que eu ouvia várias vezes era: "Olhe, não vou contratar a Ozcom de jeito nenhum. Já tentei, e a cobertura foi horrível, por isso eu voltei para a Telstra."

Era verdade. Quando a Ozcom começou, não tinha nem de perto a cobertura de outras grandes empresas australianas de telecomunicações. Eu mesmo tinha experimentado isso quando garoto. Como eu poderia argumentar com um aspecto válido que eu sabia que era verdade? Eu não podia simplesmente dizer a eles: "Você está errado, nós somos ótimos, assine aqui." Eu precisava encontrar um jeito de lidar com a objeção deles sem invalidar a experiência.

Um dia, a ideia para solucionar o problema caiu no meu colo: do nada, recebi uma ligação de um cliente me agradecendo por convencê-lo a dar uma chance para a Ozcom. A cobertura estava boa e ele adorava o quanto de dinheiro estava economizando – todas as engrenagens de uma história de objeção se encaixaram. Na vez seguinte que alguém me deu a desculpa da cobertura da Ozcom versus a cobertura da Telstra, esta foi a história que contei:

> Eu entendo perfeitamente e a última coisa que quero fazer é desperdiçar seu tempo. Porém, um cliente que experimentou o mesmo serviço com cobertura ruim que você acabou de me ligar.
>
> Quando eu estava falando com ele, ele me disse que não estava interessado em voltar para a Ozcom. Eu estava prestes a ir embora, quando me virei e disse: "Quando você assinou com a Ozcom pela primeira vez, por que fez isso?"
>
> Ele disse: "Para economizar dinheiro." Claro, eu entendo isso. Em um negócio varejista com uma margem de apenas 20%, economizar 1 dólar é a mesma coisa que vender 5 dólares.
>
> Eu disse a ele: "Então, você trocou originalmente para economizar dinheiro, mas teve que voltar atrás por causa da cobertura, o que faz sentido. Porém, hoje, depois de gastar milhões em novas torres, a Ozcom tem 95% de cobertura, enquanto a Telstra tem 99%, o que é quase a mesma coisa.

Originalmente, você trocou pela economia e voltou pela cobertura. Então, hoje, vamos esquecer tudo o que aconteceu e começar com uma nova proposta. Se você pudesse ter toda a cobertura e toda a economia, você não iria aproveitar essa chance?"

E ele me disse: "Bom, e se não for assim?"

Eu disse: "Você tem uma garantia de reembolso total de seu dinheiro por trinta dias se não ficar satisfeito, sem precisar argumentar."

Para resumir, mais tarde ele me ligou para me agradecer, porque passou a economizar dinheiro e tem toda a cobertura que precisa.

Então, ao mesmo tempo que entendo totalmente por que antes não valia a pena trocar para a Ozcom, agora, com a cobertura resolvida – e, é claro, vou lhe dar a mesma garantia que dei para ele –, não é tudo o que você queria? Você gostaria de experimentar com uma garantia de trinta dias para começar a economizar $X?

Eu não disse que ele estava errado. Na verdade, tecnicamente, eu nem tentei rebater sua objeção; eu a evitei por completo. Simplesmente lhe contei uma história sobre uma pessoa como ele que tinha uma objeção parecida, mas acabou grata por ter tomado a decisão de comprar o serviço. As pessoas podiam desmontar meus argumentos lógicos, mas não podiam negar que esse cara me ligou e me agradeceu por fazê-lo voltar para a Ozcom.

Não estou pedindo a eles que aceitem ou rejeitem nada. Só estou contando uma história com um apelo a nível emocional (o medo da perda, a emoção de economizar). Mais importante, eles decidem qual é a moral da história.

Essa é a beleza das histórias. Não há certo ou errado. Elas não pedem nada de quem as ouve além de ouvi-las. Isso consegue passar pelas defesas automáticas que armamos, porque uma história não pede que você considere os fatos; ela não precisa de resposta.

Ela apenas existe.

NÃO SE VENDA COMO UM VENDEDOR

Não me entenda mal; você trabalha com vendas.

Se seu ganha-pão depende de ser capaz de convencer e influenciar os outros, então você é, acima de tudo, uma pessoa que vende, independentemente do que mais você é. Você precisa abraçar o fato de que vende para viver.

Alex não tem nada para fazer se não gerar projetos nos quais trabalhar. Jim Comer não pode falar sem primeiro conseguir fechar uma palestra. Zack não pode treinar seus clientes se não tiver clientes. Você precisa vender para que todo o resto aconteça. Ao mesmo tempo, porém, você não deve pensar em si mesmo como um vendedor.

Tentei uma mudança de mentalidade nessa linha com Tommy, um dos primeiros vendedores que treinei quando virei gerente de equipe na Ozcom. Ele chegou cerca de um mês depois que comecei minha própria empresa, e suas vendas eram baixas e inconsistentes. Ensinei a ele tudo o que eu usava, mas, na primeira vez em que encontrou uma objeção, o roteiro desceu pelo ralo. Tommy vinha de uma área difícil da cidade e estava acostumado a entrar rapidamente no "modo confronto". Toda vez que uma ligação de vendas se aproximava um pouco de uma discussão, ele entrava em sua velha postura agressiva. Toda conversa se tornava uma luta em torno dos motivos pelos quais o cliente estava errado e por que o produto dele era melhor.

Finalmente, o chamei para uma conversa e disse: "Tommy, experimente o seguinte. Não pense em você mesmo como um vendedor. Um vendedor está ali para empurrar alguma coisa goela abaixo de alguém. Quando você começar, antes de falar com qualquer um, quero que diga a si mesmo: 'Não sou um vendedor, sou um consultor de vendas.' Você está lá para ajudá-los a descobrir o que é melhor para eles – não para vender um plano de telefonia como se sua vida dependesse disso. Não discuta. Faça perguntas, como você faria se fosse advogado ou contador. Finja que você é um especialista em telecomunicações que está ali para dar sua opinião de especialista."

Funcionou. Ele mudou seu foco de "ganhar" para "aconselhar". Se os clientes apresentavam alguma objeção, era porque Tommy não entendia a situação deles ou porque eles não entendiam como isso iria ajudá-los.

Tommy passou de dizer a eles que estavam errados para fazer perguntas e descobrir a distância entre sua opinião de "especialista" e as objeções dos clientes.

Isso também fez com que ele se tornasse um ouvinte melhor. Em vez da estratégia anterior de contar, contar, contar, ele começou a prestar atenção no que os clientes estavam realmente dizendo. Eles não queriam brigar. Eles só queriam tomar a melhor decisão para eles e seu negócio. Quando ouvia com atenção, Tommy tinha um contexto melhor para superar objeções. Em vez de ver isso como uma rejeição, ele passou a ver como incompreensão. Ou ele não entendia o que era importante para eles, ou eles não entendiam como nossos provedores resolviam o problema dos clientes em potencial.

"Vendedor" sempre me traz à mente o varejista de carros usados desonesto e tipos empresariais esquivos, que se importam apenas com o tamanho de seu próximo cheque de comissão. Ele não é quem ou o que você é. (Se for, você está lendo o livro errado.)

Se você for como eu, simplesmente quer promover seus produtos e serviços de um jeito autêntico e consistente com quem você é.

7

afira a temperatura deles

(SEXTO PASSO: CONCLUSÃO)

Nunca teste a profundidade do rio com os dois pés.

– **Warren Buffett**

Você quer ser um vendedor que força a barra?

Claro que não. Mesmo extrovertidos se encolhem quando se trata de hard sell. Ninguém gosta de fazer isso, na verdade. Então, por que a abordagem tradicional de vendas nos ensina a ser agressivos?

É para resolver o mesmo problema que todos enfrentamos quando vendemos para pessoas: o medo básico da perda. As pessoas preferem não tomar decisão nenhuma que tomar uma decisão ruim. Elas preferem se agarrar ao que têm do que arriscar ganhar algo melhor. Daí vem o ditado: "Mais vale um pássaro na mão que dois voando." É mais seguro manterem o que têm (isto é, seu dinheiro) do que trocá-lo por algo melhor (isto é, um produto ou serviço que resolva o problema).

Enquanto trabalhava como gerente de vendas estadual na Austrália Meridional, estava ensinando um representante como vender em Adelaide. Um casal me contou que, antes de nossa reunião, os dois tinham concordado que não iriam assinar o acordo naquele dia. Durante a reunião, porém, chegaram a um ponto em que ambos se sentiam tão confortáveis que simplesmente assentiram um para o outro e seguiram adiante com a venda. Quando você tem seu processo afiado a esse ponto, não é apenas uma reunião de vendas, é uma performance, muito parecida com uma peça de teatro.

Muitos vendedores acreditam que precisam pressionar; eles não acreditam haver outro jeito de fazer as pessoas tomarem uma atitude. Forçam as pessoas a tomarem uma decisão, em vez de sentarem ali e esperarem pacientemente, enquanto o cliente continua pensando e pensando e pensando.

"Bom, eu não tenho certeza..."

"Sabe, deixe-me falar com minha esposa sobre isso..."

"Eu na verdade preciso primeiro consultar meu pastor..."

Já ouvi todas as desculpas possíveis de pessoas que estavam com medo de tomar uma decisão. Eu mesmo já fiz isso, pensando: *Sabe, aposto que consigo achar algo melhor em outro lugar*, ou *Na verdade, não tenho tempo de fazer isso agora, mas talvez ano que vem...*

Não se preocupe. Não estou prestes a dizer que você precisa ser agressivo, nem que precisa "pedir pela venda". Isso é um pensamento convencional de vendedores extrovertidos que fazem pressão. Não somos assim.

Pela mesma razão, se você der às pessoas todo o tempo do mundo, elas vão usar todo o tempo do mundo. Quanto mais tempo você passar atrás de uma venda, menos tempo você terá para ir atrás de outras, que dirá para cuidar de todo o resto de seu trabalho. Da mesma forma, quanto mais tempo você perde esperando que alguém tome uma decisão, menos tempo você vai ter para os outros clientes.

É uma pegadinha. As pessoas precisam ser pressionadas, mas odeiam ser pressionadas; nós precisamos pressioná-las, mas odiamos pressionar. Como um introvertido pode tentar concluir a venda sem pedir abertamente pela venda?

Como podemos pressionar sem forçar a barra?

DEDOS NA ÁGUA

Quando criança, eu tinha asma. Não sei se meus pais estavam tentando me ajudar ou me matar, mas resolveram me matricular na natação. (Isso acabou me beneficiando, aumentando minha capacidade pulmonar, mas não sei se eles sabiam que isso ia acontecer.)

Você não simplesmente entra na água. A água pode ainda estar congelante. Você enfia o dedão do pé na água para testar a temperatura. Se estiver quente o suficiente, você pode mergulhar de cabeça.

Está vendo aonde quero chegar com isso? Na verdade, a ideia é padrão na abordagem tradicional de vendas. Nós devemos procurar sinais de que as pessoas estão prontas para nós – que elas estão prontas para comprar. Esses sinais incluem assentir com a cabeça, uma postura aberta, um comportamento relaxado e outras dicas não verbais. Ao telefone, devemos prestar atenção ao tom de voz, às palavras que as pessoas usam e se estão falando sobre o futuro (já tendo decidido em relação ao presente).

Porém, deixe tudo isso para psicólogos e videntes. Deixe-me mostrar um jeito muito mais fácil de aferir a temperatura de alguém. E meu jeito não exige que você tenha anos de experiência estudando microexpressões e linguística.

Você já disse alguma coisa que podia ser mal interpretada – e a outra pessoa entendeu do jeito errado? Quando você percebe o erro de comunicação, você diz: "Ah, não, não quis dizer isso *nesse* sentido. O que quis dizer foi..."

"Manipular a interpretação" é quando você realmente quis dizer no sentido interpretado, mas você vê que não caiu bem com seu público (ou quando você percebe que se colocou em uma situação potencialmente embaraçosa). Então, você manipula a interpretação agindo como se não tivesse a intenção de dizer o que realmente disse.

Deixe-me mostrar como fazer isso intencionalmente com vendas.

Meshell Baker é coach. Quando ela está em uma ligação com um cliente em potencial, depois de fazer suas perguntas, falar sobre as preocupações dele e determinar que ele pode estar pronto para tomar uma decisão, ela faz a pergunta inócua: "Você prefere marcar reuniões à tarde ou à noite?"

Se eles disserem "É, sabe, acho que à noite seria melhor para mim", então isso sinaliza que eles já estão avançando mentalmente no relacionamento com o coaching. A menos e até que sinalizem o contrário, Meshell supõe que eles já disseram sim – que ela já tem a venda garantida.

Ela pediu sem pedir.

Entretanto, se eles disserem "Espere, Meshell, ainda não estou pronto para tomar uma decisão", ela pode muito bem usar a manipulação.

"Ah, não achei que estivesse. Só precisava entender sua preferência para que eu explique como nossas sessões funcionariam para você e sua agenda."

Essa mudança aparentemente sem importância consegue muita coisa. Ela:

1. Dá ao cliente o impulso de que ele precisa para tomar uma decisão.
2. Permite que Meshell avalie a temperatura para ver se o cliente já tomou a decisão em sua mente, sem botar pressão sobre ele (nem sobre si mesma) fazendo uma pergunta direta.
3. Põe o cliente em um estado mental de se desculpar levemente: "Ah, desculpe, entendi errado, Meshell." Isso faz com que eles sintam que devem a ela (mesmo que só um pouco).
4. Permite que Meshell saiba que ainda tem trabalho a fazer e mais histórias para contar.

Se eles não escolherem uma opção, significa que não estão prontos para comprar, o que significa que Meshell precisa dar uns passos para trás e procurar outros pontos de dor, traduzindo características e benefícios em histórias. Em vez de tentar forçá-los a tomar uma decisão (a abordagem normal de vendas), ela pode manipular isso, continuar suavemente com outra pergunta e voltar para o Terceiro, o Quarto e o Quinto passos.

Quando ela descobre o que está impedindo os clientes de tomar uma decisão e eles parecem prontos para fechar o acordo, ela pode usar um texto semelhante para a conclusão, tentativa número dois: "Agora, eu estou vendo minha agenda. Terças ou quintas à noite funcionaria melhor para você?", ou "Você prefere fazer essas sessões pessoalmente ou via Skype?".

O DUPLO-CEGO

Melhor ainda, a abordagem que usei com Meshell tem o benefício adicional de introduzir o que chamamos de duplo-cego. Você não deve perguntar ao cliente: "Você quer ou não?" Isso é uma pergunta de sim ou não, preto ou branco. Além disso, está carregada de emoção: nós não queremos ser rejeitados, e o cliente não quer a irritação e/ou culpa que vem de dizer não.

Em vez disso, os clientes de Meshell encaram a pergunta: "Você quer este ou aquele?" Ou seja, em vez de sim ou não, ela faz com que eles se concentrem na opção A ou B. Eis aqui apenas algumas conclusões de duplo-cego. Eu já as usei, com minhas equipes de vendas ou meus clientes. Qualquer uma delas leva as pessoas no caminho de fazer uma ação, em vez de decidir se querem, para início de conversa, fazer alguma ação:

- "Então, você preferiu o modelo preto ou o prateado?"
- "Então, uma sessão em dia de semana ou no fim de semana funcionaria melhor para você?"
- "Um curso diurno ou noturno seria mais adequado para você?"
- "Está bem, então você prefere a opção on-line que faz sozinho ou gostaria de saber mais sobre como é trabalhar comigo?"
- "Então, arrendamento ou aluguel funcionaria melhor para você?"

Graças a meu marketing bom, tenho sorte o bastante de ter pessoas agendando horário para falar comigo. Atualmente, quando falo com um cliente em potencial, este é o texto de conclusão que uso depois de passar pelas perguntas e histórias (onde dou a ele o valor de verdade para ajudá-lo em qualquer situação em que esteja): "Agora, neste estágio, posso fazer uma das seguintes coisas. Posso dirigi-lo para algum conteúdo gratuito que criei para ajudar você a gerar um crescimento rápido para si mesmo..."

Vamos parar neste ponto e pensar nisso por um segundo. Por que eu ofereço conteúdo gratuito? Isso recorre a nosso instinto básico de reciprocidade. No livro *As armas da persuasão*, Robert Cialdini faz um excelente trabalho mostrando como é poderosa a necessidade de agir de forma recíproca, mesmo quando recebemos algo tão aparentemente inocente quanto uma flor. Ao começar com a oferta de uma coisa grátis, isso faz com que eu pareça indiferente (isto é, em demanda) e invoca a lei da reciprocidade: os possíveis clientes agora sentem que estão um pouco em dívida comigo. Além disso, ter uma opção gratuita ajuda a tirar do caminho pessoas que só vão fazer você perder tempo. Se elas escolherem direto a opção gratuita, então não queriam pagar desde o início.

Continuando com minha conclusão, a próxima coisa que digo é: "Ou posso falar com você sobre um instituto que criei, onde você pode aprender e trabalhar com um grupo de fornecedores com pensamento semelhante, ou podemos conversar sobre como seria trabalhar comigo. Você tem alguma preferência?"

Eu não pergunto a eles: "Qual dessas opções você quer comprar?" Em vez disso, pergunto: "Qual dessas opções você busca?"

Eles estão me dizendo o que querem que eu lhes venda.

8

peça sem pedir

(SÉTIMO PASSO: TOME A VENDA COMO CERTA)

O otimismo é a fé que leva a conquistas. Nada pode ser feito sem esperança e confiança.

– Helen Keller

Uma vez, treinei um homem em Melbourne, Troy, que alugava móveis para empresas imobiliárias decorarem casas desocupadas. As pessoas têm mais chances de comprar se a sala de estar tem um sofá e um objeto de arte e se o quarto tem uma cama e uma penteadeira. Elas querem comprar o que veem, não uma casca vazia. As pessoas querem ver o imóvel como um lar, não apenas uma casa. Isso também ajudava com propriedades antigas com móveis ultrapassados que... Bem, cheiravam a móveis velhos. Vale a pena alugar móveis novos por alguns meses para ajudar a vender a casa mais depressa e com menos negociação, apenas empregando o truque de dar uma arrumadinha. Como dissemos ao longo deste livro, nossos desejos não são racionais; nós só encontramos maneiras de racionalizar o que queremos.

Porém, Troy tinha um problema para receber dos proprietários das casas. Ele enviava a conta no fim de cada mês de aluguel; por isso, os proprietários não se animavam em pagar o último mês depois que já tinham alugado a casa e removido os móveis. Ou pior, eles contratavam os móveis por oito semanas, depois pediam para ficar com os móveis por uma ou duas semanas extras. Eles não tinham problema com o custo extra... Até chegar a hora de pagar. Nesse momento, o telefone deles parecia cair direto na caixa-postal. Chegou ao ponto que ele nem contava mais com o último mês de aluguel. Era só uma dor de cabeça.

Eu disse: "Bom, parceiro, por que você não cobra um mês adiantado? Cobre antes que eles arrumem a casa. Assim, você recebe no início do mês. Quando você pegar os móveis, eles já pagaram."

Ele disse: "Ninguém em nossa indústria faz isso. Nenhum cliente iria me contratar se eu cobrasse antes mesmo de entregar os móveis."

"Sério? Quando você soube disso?"

Ele só franziu o cenho. "Quero dizer, eu não *sei*... É simplesmente como sempre foi feito."

"Então, alguém disse isso a você? Ou você apenas supôs? E por que os proprietários saberiam disso? Você me contou que, para quase todos os seus clientes, é a primeira vez que mobíliam uma casa desse jeito." Eu não estava tentando bancar o esperto. Eu só descobri que, muitas vezes na vida, simplesmente supomos que as coisas têm que ser de determinada maneira. Passamos nossas vidas vivendo de acordo com regras que nunca testamos. Quem sabe o que não pode ser feito até ser tentado? Mesmo que não se faça assim em sua indústria, o cliente sabe disso? É seu negócio, você estabelece as regras.

Quando fundei o Small Business Festival em Austin, as pessoas me disseram que levava de oito a doze meses para conseguir patrocínio para esse tipo de evento, especialmente pela primeira vez. Ainda assim, fechei com a Capital One, a GoDaddy, o Facebook, a Cidade de Austin e a WP Engine, em noventa dias. Quando as pessoas me dizem "sempre foi feito assim", eu não consigo dar muita importância a isso.

Troy discutiu um pouco até que eu finalmente disse: "Olhe, faça o seguinte: só experimente. Durante as próximas duas semanas, quero que você conduza a discussão de preço com 'Então, para nós instalarmos os móveis, nosso processo padrão é cobrar um mês antecipado. Qual a maneira mais fácil para você organizar seu pagamento? Seria em cartão de crédito ou cheque?' Se for em cartão, diga: 'Ótimo, qual?' Se for em cheque, diga: 'Perfeito. Você pode pegar para mim, por favor?' Experimente e veja o que acontece. Na verdade, que tal eu ir com você em sua próxima visita de vendas?"

Na semana seguinte, entramos em seu carro e fomos até a casa de um cliente em potencial. Ele me apresentou como "alguém que está em treinamento", então começou com seu discurso de vendas. Eu interrompia aqui e ali, mas ele fez toda a venda; eu só estava ali para ajudar com o esquema de pagamento.

Esperei até sentir que o proprietário da casa estivesse empolgado com o que estava ouvindo, então aferi sua temperatura dizendo: "Excelente. Então, seria mais fácil para você preparar a propriedade para ser arrumada no fim de semana ou durante a semana? No fim de semana? Fantástico."

Esse foi o texto de conclusão. Ao indicar o momento para começarmos, ele sinalizou que estava pronto para comprar. Quando vi isso, soube que era hora de apresentar o preço.

"Em toda a indústria, os aluguéis de móveis são por mês", disse Troy, "além de um pequeno custo de arrumação, e para sua casa seria $X por mês, com uma taxa de arrumação de $Y. Então, nosso processo padrão é um mês antecipado, e precisamos do número de sua carteira de motorista, por segurança. Você tem carteira de motorista? Fantástico, pode pegar para mim, por favor?"

Enquanto nosso comprador pegava a carteira, eu peguei a papelada e comecei a escrever o contrato. Quando ele ergueu os olhos, me viu preenchendo a papelada, e nós simplesmente seguimos em frente.

"Certo, agora, qual é a forma mais fácil de organizar o pagamento? Seria cartão de crédito ou cheque?"

Assim que ele sacou o talão de cheques, eu disse: "Então, vão ser 2.500 dólares pelo primeiro mês e pela taxa de arrumação." Depois que peguei o cheque, sugeri usar um cartão de crédito para os meses seguintes. Talvez fosse mais fácil, em vez de ter que se preocupar em enviar cheques. Brinquei que, embora tivéssemos que assumir a taxa do cartão, ficaríamos satisfeitos em arcar com os custos para tornar a vida dele mais fácil. Ele riu e nos deu as informações do cartão; apertamos as mãos e fomos embora.

Quando saímos da casa, Troy se virou para mim e disse: "Isso acabou de acontecer, não foi? Ele nem ergueu as sobrancelhas. Ele agiu como se fosse normal."

Eu disse: "Parceiro, isso foi porque agimos como se fosse normal. Esse é seu 'processo padrão'. Eu não tentei explicar por que fizemos isso nem chamei a atenção para isso. Quando ele disse que preferia a entrega no fim de semana, já tinha tomado a decisão subconsciente de contratar o serviço. Todo o resto foi apenas detalhes. Quando perguntei sobre o pagamento, foi quase um epílogo.

"Se ele tivesse dito 'Espere um minuto. Eu ainda não estou pronto para tomar uma decisão', eu podia ter dito facilmente: 'Ah, não, você me entendeu mal. Só estou perguntando, pois precisamos ver os horários de nossas equipes para a sua disponibilidade. Só estou registrando toda a informação para economizar tempo depois. Sabe, tivemos um cliente igual a você, uma vez...' e entrado direto em uma das histórias de sucesso de seus clientes."

Dessa forma, nós tomamos a venda como certa... E agimos corretamente.

COMO LIDAR COM O PREÇO

"Olhe, eu só preciso saber quanto isso vai custar."

Já recebeu uma ligação em que essa foi a frase de abertura do cliente? Eu recebi e-mails perguntando diretamente quanto eu cobro por coaching de negócios. Mas você não pode ter uma discussão efetiva sobre preço até que os clientes entendam seu valor.

Por isso, o preço vem por último.

Você precisa estabelecer confiança, fazer perguntas, contar histórias e lidar com objeções antes de dizer quanto você cobra. Com o cliente de Troy, eu não apresentei o preço até aferir sua temperatura e ver que ele queria o que Troy estava vendendo.

Se o cliente pergunta sobre preço ou quanto vai custar em qualquer momento antes que você esteja pronto para discutir isso – seja no início da reunião, enquanto você está explicando os objetivos ou em qualquer momento durante suas histórias –, tudo que você precisa dizer é: "[Nome], com certeza vamos chegar a isso, mas neste momento ainda estou no processo de entender o que vai funcionar para você e criar uma solução que vai se encaixar perfeitamente em suas necessidades. Vamos chegar ao preço em um segundo, prometo, mas tudo bem se eu primeiro lhe fizer mais algumas perguntas? Excelente." E volte ao seu roteiro.

Como alternativa, você pode dizer: "Tudo bem se eu terminar de explicar como esse produto/serviço funcionou para [cliente anterior], para que eu possa confirmar que o que estou sugerindo se encaixa 100% com o que você está procurando? Excelente." E volte ao seu roteiro.

Como eu disse no capítulo 2, quando explicar seus objetivos, assegure-se de incluir quando o preço vai ser discutido. Ao fazer isso, como mostrei no exemplo do Instituto Pollard, clientes em potencial vão se sentir confiantes de que você sabe o que está fazendo e ficarão menos propensos a agir com pressa.

Por que adiar o preço até o final?

Se você começar com o preço, então qualquer característica ou benefício (individual) que você apresentar vai automaticamente ser comparado com esse preço: *Isso vale o que eles estão cobrando? Acho que não.* Com isso, você se coloca na posição de lutar com a racionalidade do cliente em vez de apelar para suas emoções.

Se o preço vem por último, você tem o benefício do efeito de combinação das coisas. Se você mencionar o preço cedo demais, está contando com uma característica ou benefício específico para pesar na balança, e não permite que eles se acumulem até o ponto que, quando o preço é mencionado, a linha de pensamento do cliente se torna: *Eu posso ter tudo isso por isso? Parece um bom negócio.*

Se você der o preço antes de saber exatamente do que o cliente precisa, então você estará perseguindo um alvo móvel. Imagine que eles precisem de algo que custe mais que seu preço padrão ou do que você havia antecipado. Você vai precisar aumentar o preço cotado. Entretanto, eles se sentiriam enganados: você disse que custava X, mas agora está dizendo Y.

Você não ganha de jeito nenhum mencionando o preço mais cedo.

Agora, vamos falar do elefante branco no meio da sala. Todos sabemos que o preço é muito importante, certo? Errado! O preço é importante só se você o torna um problema. Você acabou de ler a história sobre como eu discuti o preço no exemplo de Troy. Perceba como passei pouco tempo nisso. Foi como se estivéssemos falando sobre a cor dos caminhões de mudança, um fato quase inocente. As palavras que usei também saíram de um jeito indiferente.

Se você der ao preço mais atenção do que ele merece, vai parecer que você acha que é muito dinheiro. Seu tom de voz e comportamento podem fazer com o que os clientes se questionem: *Hum, talvez eu deva pensar sobre isso antes de fechar o acordo...*

Apresente seu preço como se você estivesse falando sobre qualquer outra coisa. Claro, sei que é quase impossível se sentir indiferente em relação ao preço. Na verdade, conversando sobre este livro e como lidar com preços, alguém me disse que eu poderia escrever um capítulo inteiro – na verdade, um livro inteiro – só sobre preços e como apresentá-los.

Eu poderia, mas não ia ser nada de mais. Seu preço é o preço. Diga-o e siga em frente.

Se você não consegue superar a ideia de que está pedindo muito dinheiro, precisa se dessensibilizar em relação ao número. Por exemplo, um amigo tinha uma academia de karatê em uma área de classe média e classe média baixa. Ele contratava estudantes do ensino médio para ir de porta em porta vendendo um programa de um ano que custava 3.500 dólares.

Lembre-se de seu tempo no ensino médio. Não me importa quando você se formou, 3.500 dólares é muito dinheiro. Para esses garotos, não era diferente. Eles se saíam muito bem apresentando o programa para os pais, seu valor e a estrutura. Quando chegava a hora do preço, porém, quase gaguejavam enquanto ele saía de suas bocas. Meu amigo percebeu que os garotos estavam aterrorizados de dizer um número tão grande.

Então, embarcou em uma missão para tranquilizá-los em relação a isso. Antes do início do negócio, ele fez os garotos praticarem, dizendo uns para os outros "três e quinhentos". "Não três mil e quinhentos", mas "três e quinhentos".

- "São três e quinhentos travesseiros…"
- "São três e quinhentas penas…"
- "São três e quinhentas girafas…"

Eles praticaram e praticaram até que o preço não significava nada para eles; era apenas um número. Levaram cerca de uma semana nessa rotina, mas ele viu uma diferença incrível: o preço de "três e quinhentos" saía com facilidade de suas bocas, e as vendas estouraram.

- Se você cobra 15.000 dólares, pratique: "São quinze mil. São quinze mil. São quinze mil."
- Se você tem um plano de pagamento, pratique isso também: "São doze mil e quinhentos – sete mil e quinhentas merrecas antecipadas e mais dois pagamentos mensais de duas mil e quinhentas merrecas."

- Se você cobra 8.400 dólares: "São 8,4 mil trocados – quatro pagamentos de 2,1."

Siga em frente até que seu preço não signifique nada.

NÃO TRATE VENDAS COMO VIDRO

Os grandes – Zig Ziglar, Brian Tracy e outros – vivem segundo a ideia de que você deve ser persistente. "É preciso sete nãos para conseguir um sim" e frases como essa nos dizem que devemos continuar a perguntar, continuar a buscar, e continuar a insistir com nossos clientes até que eles finalmente cedam.

Bom, um extrovertido calejado não deve ter problema em acossar uma pessoa até ela ceder, mas para a maioria de nós, introvertidos, isso não corresponde a quem somos.

Quando eu vendia de porta em porta para a Ozcom, não podia me dar ao luxo de visitar a mesma loja cinco ou seis vezes só para ganhar uma comissão de 20 dólares. Entre gasolina e estacionamento, isso mal dava para cobrir as despesas.

Mesmo quando comecei minha própria corretora de planos de telecomunicações, as comissões de vendas eram de apenas algumas centenas de dólares. Se nossos vendedores tivessem quatro ou cinco reuniões por dia, levando cinco visitas para fazer uma venda, e supondo que eles tivessem uma taxa de conclusão de venda incrível de um em cada dois clientes, isso daria 500 dólares por semana – na melhor das hipóteses.

Eu tinha um vendedor chamado Grant que fazia um trabalho incrível desenvolvendo relacionamento. Os clientes o adoravam. Mas ele nunca fechava uma venda na primeira reunião. Nunca. Ele tinha que voltar, de novo e de novo. Quando finalmente concluía a venda, alguns de seus negócios eram grandes, mas ele levava uma eternidade para chegar lá.

Eu disse: "Grant, por que você não está concluindo mais rápido? Obviamente, você consegue vender esses pedidos maiores. Por que precisa de cinco reuniões para vender mil dólares em comissão?"

Ele disse: "Matt, pelo que eu vejo, se eu vendo uma média de mil dólares em cinco reuniões, ganho 200 dólares por reunião. É a mesma quantia em dinheiro, e não sinto estar fazendo pressão."

"Mas você não preferiria vender mil dólares em uma visita? E então, em vez de voltar mais quatro vezes, vender mais mil dólares em cada reunião para outros clientes? Você não prefere usar cinco visitas para ganhar mil dólares em cada do que uma por 200 dólares?"

Obviamente, sim, mas ele não conseguia superar a imagem de ser o vendedor insistente, assim como seu medo de perder a venda se fosse entendido como um. Ele tratava cada venda em potencial como vidro: se não tomasse cuidado, iria quebrá-la.

Na verdade, ele não precisava ser insistente. Eu tinha desenvolvido o roteiro de vendas especificamente para introvertidos como ele e eu. No roteiro, ele deveria dizer: "Está bem, agora, preciso garantir que você está qualificado para isso. Você tem um número de ABN? Fantástico, você pode pegar para mim? Excelente."

Raramente as pessoas tinham isso em mãos, então tinham que levantar da cadeira, ir até o escritório de outra pessoa, pegar o número e voltar. Com frequência, só esse estímulo para a ação era o que os clientes precisavam para ajudá-los a tomar a decisão. Quando eles voltavam, eu (ou qualquer pessoa que estivesse seguindo o roteiro) estaria preenchendo a papelada para adiantar as coisas.

Esse é o equivalente da primeira Lei de Newton: um objeto permanece em repouso ou em movimento, a menos que uma força externa aja sobre ele. O próprio ato de a pessoa levantar da cadeira coloca a venda em movimento. Quando as coisas estão em movimento, é mais fácil deixar que elas permaneçam em movimento que fincar os calcanhares no chão para pará-las.

Funcionava. Todo mundo em minha empresa de corretagem usava o roteiro (por obrigação; se você trabalhasse em minha equipe de vendas, você decorava o texto que eu tinha criado e sabia que funcionava, pois ele entregava resultados consistentes, independentemente da pessoa ou da personalidade). Então, por que Grant estava com tanta dificuldade?

Quando chegava a hora de perguntar pelo número de ABN... Ele simplesmente parava. Quando perguntei a ele por que ele sentia estar sendo insistente, ele disse: "É que eu me preocupo em perder a venda.

Eu me sinto desonesto quando pergunto pelo ABN e acho que os clientes conseguem ver isso."

"Está bem, Grant, eis o que nós vamos fazer. Primeiro, você vai tratar as vendas como pedra, não como vidro. Elas não vão quebrar. Segundo, como você passa tanto tempo com cada cliente, você tem poucos em seu pipeline em qualquer momento. Você tem medo de perder qualquer um deles, porque representa uma grande parte de suas comissões em potencial. Terceiro, aqui entra uma nova regra: se o cliente não assinar, você não pode voltar *e* você tem só mais uma reunião com todos os seus atuais clientes em potencial."

Ele disse: "O quê? O que você quer dizer com isso?"

"Se eles não assinarem naquele dia, você não pode voltar. Não me importa se eles ligarem no dia seguinte e disserem que mudaram de ideia e que querem comprar tudo o que você vende – você não pode voltar."

Grant disse: "Isso vai me custar dinheiro, Matt. Não posso fazer isso."

Vamos parar por um momento e conversar sobre uma das coisas mais fundamentais que você precisa ter em mente enquanto aprende a usar estas ferramentas: você precisa estar disposto a arriscar que as coisas piorem antes de melhorar. Você pode não estar conseguindo grandes resultados fazendo as coisas como está fazendo no momento, mas pelo menos você se sente confortável fazendo-as desse jeito e está fazendo isso com consistência, não é?

Quando você começar a mudar as coisas, você não vai saber o que está fazendo. Vai ser uma sensação desconfortável. Como mudar de um carro automático para um manual. No fim, você vai ter maior controle, mas por algum tempo vai balançar um pouco. Aprender a esquiar não parecia natural (ficar de pé em duas ripas de madeira que tendem a apontar em direções diferentes e se jogar montanha abaixo... Só de escrever isso parece loucura), mas eu gostei assim que aprendi. Você não pode melhorar até mudar alguma coisa.

Eu disse: "Grant, você precisa confiar em mim. Isso vai fazer com que você seja pago, não o contrário. Quero dizer, os clientes gostam de você, mas no fim eles precisam comprar ou fazer isso com outra pessoa. E, bom, vamos encarar: eles estão no trabalho para trabalhar, não para conversar com você.

"Olhe, vamos fazer isso como um experimento de uma semana. Você está disposto a tentar só por uma semana, com o resultado potencial sendo você vender tanto quanto os outros e potencialmente muito mais?"

Ele assentiu.

"Não se trata necessariamente de ser insistente, Grant. Não sei o que vai ser diferente para você. Você pode ficar indiferente, sentindo que não vai conseguir a venda, porque, afinal de contas, a maioria das pessoas não fecha com você na primeira reunião. A falta de desespero pode ajudar o cliente a sentir que você está mais relaxado.

"Por outro lado, sabendo que tem apenas uma tentativa para acertar, você pode fazer um trabalho mais completo para descobrir o que eles realmente precisam e traduzir características em benefícios para eles. Não sei. Mas sei de uma coisa: se você tiver de forçar a barra para que aconteça, você vai estar fazendo errado."

Nós ensaiamos o roteiro da equipe de vendas até ele acertar a parte do "Preciso garantir que você se qualifica". Ele saiu e fechou praticamente todas as vendas com apenas uma reunião. Então, tornou a ligar para seus grandes clientes em potencial e perguntou se poderia repassar tudo com eles outra vez. Ele tratou cada um como se fosse uma venda nova. Ponto! – um negócio com comissão de 10 mil dólares! Grant ganhou mais dinheiro naquele mês que qualquer outro representante e manteve essa maré vencedora por seis meses.

Em uma equipe de vendas que conte com um sistema como o meu, se uma pessoa está com um desempenho muito acima da média, você precisa descobrir o que ela está fazendo e replicar isso. Se ela está com um desempenho abaixo da média, como Grant, você precisa descobrir o que há de errado e consertar.

Essa mudança o levou do primeiro degrau para o topo. Não importava se ele estivesse vendendo para o proprietário de uma lojinha com um plano de celular ou fazendo uma venda complexa para um CEO com vinte ou trinta planos. Ele ainda organizava todo o negócio, da reunião à assinatura, em um dia.

(Isso não é exclusividade de Grant. Tenho clientes que vendem cursos de 10 mil dólares e produtos de 25 mil dólares em uma reunião. O recorde para o quadro de profissionais de serviços autônomos que treino atualmente está em vender 75 mil dólares a partir de uma ligação de trinta minutos não planejada, de alguém que o representante de serviços nunca tinha visto antes. E ele fez isso mais de uma vez.)

ENCONTRE UM MEIO, NÃO UMA DESCULPA

Não estou sugerindo que você nunca faça o follow-up de um possível cliente. Você não precisa necessariamente instituir para si mesmo a regra que instituí com Grant (embora o experimento o tenha levado ao sucesso). Porém, eu preciso que você entenda que vender cinco dígitos em produtos e serviços a partir de uma única ligação telefônica não só é possível, mas normal – e que, se você não fizer isso em sua primeira reunião, outra pessoa pode vir pelas suas costas e conseguir isso antes da próxima chance.

Você não pode usar a desculpa de que sua indústria, seu produto ou seu mercado são diferentes. Vendi uma cota de patrocínio de cinco dígitos do Small Business Festival para a Capital One em apenas uma reunião. Tive outra reunião em que vendi para mais de cem pessoas um programa de treinamento reconhecido a nível nacional. Claro, houve muita papelada, mas passamos de "Quem é esse cara?" para "Claro, vamos inscrever todas as nossas equipes no curso" em apenas uma sessão.

Por falar em papelada, não deixe que isso também vire uma desculpa. Em uma venda de telefonia, entrei em um posto de gasolina onde ficava o escritório do proprietário… De onde ele administrava todos os outros quarenta postos de gasolina. Vendi planos de telefonia para todos. Ele disse: "Está bem, preencha toda essa papelada e traga de volta."

Minha resposta: "Você tem uma mesa? Posso fazer isso agora mesmo."

Ele ficou surpreso por um momento, mas disse: "Você pode usar uma mesa da cafeteria."

Eu me sentei no banco da lanchonete por três horas preenchendo a papelada para todos os quarenta postos. Quando terminei, entrei no escritório, nós rimos sobre isso, e assinei um dos maiores negócios que fiz na Ozcom. Se eu tivesse ido embora, ele poderia ter mudado de ideia, mas depois de me ver trabalhar tão duro preenchendo toda a documentação… O que ele faria além de dizer "Vamos assinar"?

Você pode não ter encontrado um jeito de fechar negócio em uma reunião, mas isso não significa que ele não exista. Mais uma vez, a beleza é que você não tem que fazer muita pressão. Você não precisa ser agressivo. Você não precisa ser nada além de você. Você só precisa experimentar até encontrar um jeito que seja natural para você. Confie no processo, confie na venda, e eles virão.

Mas o que você faz se isso não acontecer?

9

aperfeiçoe o processo

O concorrente a ser temido nunca se importa com você, mas melhora seu negócio o tempo inteiro.

– Henry Ford

Muitas pessoas acreditam que Henry Ford inventou o automóvel. Ele não inventou, é claro. O automóvel já existia havia duas décadas quando Henry fundou a Ford Motor Company. Sua genialidade estava na linha de produção.

Mas ele também não inventou a linha de produção. Dividir um produto em componentes e ter uma pessoa especializada em montar essa única peça (em vez de construir a coisa toda, como um ferreiro ou carpinteiro fazia na Idade Média) foi o que iniciou a Revolução Industrial na Inglaterra.

Na verdade, alguns historiadores indicam o Arsenal de Veneza como a possível primeira "linha de montagem" em escala industrial, criando um navio de guerra inteiro em apenas um dia... Na Veneza de 1104. Para que você entenda: é um ano a menos que *oito séculos* antes do primeiro Modelo T da Ford sair pela porta.

Então, por que Henry Ford é visto como um dos maiores homens de negócios e industrialistas de todos os tempos? Como ele superou dezenas, talvez centenas de outros fabricantes de automóveis para se tornar o titã que era? Como, até os nossos dias, ele ainda está entre as dez pessoas mais ricas que já viveram na história moderna?

O segredo? Ele nunca parou de aperfeiçoar seu processo.

Ele mexia constantemente em todos os aspectos de sua operação manufatureira, tentando tirar trinta segundos extras disso ou dois minutos extras daquilo. Tudo o que ele fazia era projetado para a eficiência – em seguida, desmontado e remontado para obter ainda mais eficiência. Ele tinha cada momento e até cada movimento reduzidos a uma ciência exata.

Na verdade, como representante da Castrol, meu pai trabalhava em uma fábrica da Ford. Mesmo no início dos anos 2000, Ford passou pelo esforço de treinar funcionários da linha de montagem a pegar o número exato de porcas de um balde que eles iriam precisar para cada tarefa. Assim, eles não desperdiçariam segundos preciosos voltando para pegar mais.

Se a maioria dos vendedores produzisse carros da mesma forma que aborda as vendas, diria: "Olhe, vamos colocar todas essas máquinas em um salão – onde quer que elas se encaixem – e vamos descobrir o que funciona para cada carro à medida que avançamos."

Eles vão para uma reunião, pegam o telefone ou vão para um evento de networking e acham que vão dar um jeito de fazer dar certo. Eles podem até ter montado um processo confuso que funciona para eles e produz resultados suficientes para fazer com que continuem a avançar aos trancos e barrancos. Nesse caso, sua atitude é: "Isso é o melhor que posso fazer, e se não está quebrado, não precisa de conserto."

Se Ford tivesse essa atitude, nós provavelmente nem saberíamos o nome dele. Ele seria uma nota de rodapé nos anais da história do automóvel. Mas graças a seu foco – alguns poderiam até mesmo dizer obsessão – no processo e na eficiência, ele ficava cada vez melhor.

Com algumas mudanças, você pode saltar quilômetros à frente em vez de centímetros. Para mim, o grande salto foi ver o processo de vendas como ele é: uma grande linha de montagem. Aprender a usar histórias para vender, transformar características em benefícios tangíveis, fazer as perguntas certas, descobrir a venda e se apropriar dela – essas lições me fizeram superar os outros vendedores para me tornar o melhor vendedor de toda a empresa. Foi assim que comecei a concluir uma venda em cada cinquenta visitas, depois uma em cada vinte, depois uma em dez, depois uma em cinco. Descobrir que perguntas eram mais efetivas ou a melhor maneira de contar uma história em particular – e, especialmente, a moral de como esse produto é incrível e vai resolver seu problema – me permitiu melhorar muito até fechar uma em quatro, depois uma em três... E, às vezes, até nove em dez.

Não tenho créditos pelos fundamentos que apresentei neste livro. Como eu disse, comecei a reuni-los a partir de vídeos do YouTube quando eu tinha 18 anos. Você pode sair e descobrir vários livros de vendas sobre cada aspecto. Eu não inventei a ideia de melhoria contínua. Só descobri que ela também funciona nas vendas dos introvertidos.

Se você ler este livro e usá-lo para conseguir mais clientes, ótimo. Ele vai ter valido seu tempo. Mas se você parar assim que sair do buraco, terá aproveitado apenas uma fração do benefício. Você não quer apenas aprender a vender – você quer aprender como continuar melhorando.

FAÇA UMA AVALIAÇÃO HONESTA DE SI MESMO

Seu sistema de vendas deve evoluir constantemente, melhorar sempre e ser o centro de atenção do negócio. O dia que você negligenciar seu sistema de vendas é o dia em que você começará a regredir para onde começou.

O primeiro passo para melhorar seu processo: assegure-se de atualizar o processo. Quando meus vendedores começaram a ver uma queda nas vendas, minha primeira pergunta foi: "Vocês se mantiveram no roteiro?"

"Ah, sim, totalmente!"

"Ótimo. Então repitam o texto para mim."

Eles imediatamente me lançaram aquele olhar de *Ah, droga!* E repetiram o roteiro. Inevitavelmente, algumas partes estavam fora da ordem, algumas foram puladas e algumas foram resumidas.

Eu disse: "Está bem. Vão para casa e leiam tudo de novo esta noite. É exatamente o que vocês vão dizer para seus clientes amanhã."

Eles voltaram para as palavras exatas do roteiro e as vendas voltaram ao normal. As circunstâncias não tinham mudado; eles apenas estavam usando uma versão não tão perfeita do sistema.

Você precisa fazer algo parecido. Toda vez que desligar o telefone, voltar para o carro ou para trás do balcão, pare e avalie a experiência de vendas. Não espere até o fim do dia nem o fim da semana. Quanto mais você demorar para examinar a venda, mais detalhes você vai perder e esquecer. Faça uma análise enquanto o que aconteceu ainda está fresco em sua mente.

Primeiro, não crie desculpas para não ter feito a venda:

- "Eles não iam comprar mesmo."
- "Eles já tinham tomado uma decisão antes que eu abrisse a boca."
- "Eles não eram meu cliente ideal."
- "Eles provavelmente iam dar muito trabalho para valer a pena."
- "Eu não estou em um bom dia."
- "É a época do ano."
- "As pessoas não compram quando está chovendo."
- "Eles provavelmente não teriam condições de pagar."
- Minha favorita: "Foi apenas um dia ruim."

A desculpa específica que você usa pode ser verdade, e você nunca vai fazer 100% das vendas, mas sempre pode melhorar suas chances de sucesso. Quanto melhor for seu sistema de vendas, menos outros fatores importarão.

Porém, culpar os fatores externos nunca vai ajudá-lo a melhorar. Quando você faz isso, abre mão do controle. Você está dizendo que não podia ter feito nada para afetar o resultado, que os resultados estavam destinados a acontecer. Você admite de forma subconsciente que é impotente para mudar as coisas.

Por outro lado, também não quero que você fique obcecado por uma venda. Você não deve se martirizar e sentir que é um vendedor terrível. Nenhum desses extremos ajuda você a avaliar a venda de forma objetiva.

Em vez disso, pergunte a si mesmo:

1. Eu respeitei o roteiro?
2. O que eu podia ter feito melhor?
3. O que eu deveria mudar?

Permita que cada venda perdida dê uma pista do que você pode fazer melhor.

UMA COISA DE CADA VEZ

Em um experimento científico, os cientistas – sejam eles químicos, psicólogos, estatísticos ou quem quer que seja – alteram apenas uma variável de cada vez. Do contrário, nunca podem ter certeza de qual mudança produziu os resultados. Se seu médico lhe desse cinco tratamentos diferentes, como você poderia saber qual deles curou você? Se você começasse a tomar cinco remédios diferentes e desenvolvesse uma alergia, como saber qual a causou?

Quando você começar a ter sucesso em vendas, provavelmente vai ficar empolgado. Você vai começar a ver todas as coisas que poderia estar fazendo de maneira diferente ou melhor. Você ficará tentado a fazer todo tipo de mudanças. Mas nunca vai avaliar a si mesmo nem a melhoria do processo se não tiver uma base de referência e se mudar mais de uma variável de cada vez.

Quando você monta seu processo de vendas pela primeira vez, tudo é novo. À medida que você segue adiante, a maioria de suas mudanças deve ser importante: introduzir histórias para evitar objeções ou descobrir como estabelecer credibilidade.

Conforme você progride e seu processo se torna cada vez mais confiável, a maioria de suas mudanças vai ser mais precisa: a maneira de fazer uma nova pergunta para descobrir um ponto de dor ou como contar uma determinada história. Quando as coisas não funcionarem, volte ao processo básico. Restabeleça sua base de referência e então continue a avançar na direção da perfeição.

10

a vantagem dos introvertidos na vida real

Não preste atenção naquele homem atrás da cortina.

– O Mágico de Oz

Apesar de minha síndrome de Irlen, tenho orgulho de dizer que me tornei um blogueiro premiado. O tempo que levo para escrever uma postagem de 1.500 palavras, porém, é tão longo quanto angustiante.

Eu sabia que queria compartilhar meu sistema de vendas para introvertidos com um público maior. Isso significava escrever um livro. Porém, a ideia de escrever dezenas de milhares de palavras, das idas e vindas da edição e de reler um manuscrito várias vezes me atormentou por anos.

Até que a solução apareceu do nada.

Acho que eu poderia contar a você como isso aconteceu, mas honestamente, como Derek já é o ghostwriter deste livro, vou deixar que ele conte.

O FANTASMA DO NEGÓCIO PASSADO

É estranho sair dos bastidores.

Ao mesmo tempo, seria estranho escrever sobre mim mesmo do ponto de vista de Matthew.

Botar as histórias de seus outros clientes no papel é fácil, porque não tenho conexão emocional com eles. São apenas histórias sobre pessoas que não conheci, ou conheci apenas superficialmente.

Quando se trata da minha história, porém, é uma batalha manter a emoção de lado. Mesmo enquanto ponho esta história no papel, as lágrimas começam a brotar, ameaçando transbordarem.

Deixe-me contextualizar onde eu estava antes de pegar o telefone para ligar para Matthew: deprimido, assustado e completamente sem rumo. Há um ano, eu não conseguia nenhum projeto como ghostwriter e já havia terminado meus outros projetos. O pouco dinheiro que eu tinha guardado estava acabando rapidamente, e não havia perspectivas no horizonte.

As coisas estavam desanimadoras, para dizer o mínimo.

Por grande parte de minha vida de casado, minha esposa foi a principal provedora enquanto eu fazia pós-graduação e depois, quando larguei meu emprego (com o incentivo dela) para trabalhar por conta própria.

Levou algum tempo, mas consegui um nível de sucesso. Na verdade, tive orgulho de ter sido o único a ter renda quando ela começou sua pós-graduação, passou por seu treinamento clínico e, depois, durante a licença-maternidade por nosso segundo filho. Porém, graças a Deus ela tinha voltado a trabalhar, porque foi quando meu negócio perdeu o rumo.

Eu fiquei mais de um ano sem conseguir nenhum cliente. Felizmente, uma de minhas autoras optou por estender seu projeto ao longo de um ano, mas depois que ele terminou, fiquei olhando para uma conta bancária cada vez menor e uma dívida de cartão de crédito crescente, sem perspectivas à vista. Isso, além de dezenas de milhares de dólares em contas médicas devido à gravidez e ao parto difíceis de minha esposa (combinados com um seguro horrível durante sua pós-graduação), me fez um cara muito assustado.

Eu tinha provado a mim mesmo que podia fazer aquilo. Eu tinha sido o único provedor de minha família por um ano e meio. Por que eu não conseguia mais clientes? O que eu estava fazendo de errado? Isso era um sinal de Deus? Aquilo tinha sido uma maré de sorte, e agora era hora de voltar para o mundo real e arranjar um emprego de verdade? Meus sonhos estavam desmoronando ao meu redor?

Durante um encontro mensal de mentoria que organizei com um grupo seleto de outros ghostwriters – quando, admito, eu me senti uma fraude –, todos os meus colegas deram ideias para ajudar. Um sugeriu que eu arranjasse um coach de negócios e oferecesse uma permuta de serviços: escrever em troca de coaching. Nesse mesmo dia, vi um artigo no LinkedIn que alguém compartilhou sobre marketing de nicho.

Pensei: *Não pode haver mais nicho que ser ghostwriter empresarial*, por isso, cliquei no link e li o artigo. Ele fez sentido para mim; achei que o autor tinha informações importantes. Eu segui sua biografia e fui parar em um site que era pouco mais que uma página de "em breve no ar". Descobri a página de contato e enviei um e-mail, achando que o cara ia me ignorar.

Cerca de 20 minutos depois, o telefone tocou.

Depois de um rápido resumo do problema, Matthew de algum modo identificou exatamente onde eu estava em meu negócio, exatamente qual era meu problema e exatamente o que eu estava tentando fazer para resolvê-lo. Na verdade, sua precisão foi um pouco perturbadora.

A partir disso, eu soube que esse cara podia me ajudar. Eu também soube que eu não tinha a menor condição de pagar por ele. Hesitante, sugeri a ele a ideia de fazer uma permuta de coaching pela minha escrita.

Ele riu e disse: "Eu estava me preparando para procurar um escritor para ajudar com o e-book que estou fazendo com um colega." Embora nós dois estivéssemos um pouco cautelosos (e ambos podiam dizer isso do outro), concordamos em trabalhar juntos.

Não tenho certeza se eu disse a Matthew antes de escrever isso, mas a única razão pela qual concordei (embora a sugestão tivesse sido minha) foi que eu não tinha nada a perder e estava apelando para qualquer coisa. Eu não gostava dos "caras de marketing e vendas", porque sempre os achei cheios de si, agressivos, mentirosos e algumas coisas mais. Também detestei o fato de que Matthew era inscrito em um programa de neurolinguística; eu achava que isso era pseudociência e, em essência, manipulador. Por último, mas não menos importante, eu odiava permutar serviços. Sou um capitalista a favor do livre mercado: se você quer trocar serviços, vá procurar uma comuna. Como a companhia de luz, eu só aceito dinheiro.

Botei um sorriso no rosto e fui até a cozinha contar a minha esposa sobre meu novo acordo. Anos depois, ela confessou que também achava que eu estava apelando. Mas eu tinha literalmente tentado tudo o que podia pensar, desde voltar ao copywriting e refazer meu site até tentar achar emprego. Nada tinha funcionado. Estávamos em um ponto em que se alguma coisa não acontecesse, eu teria que engolir o orgulho e implorar a meu antigo patrão para ter meu emprego de volta.

Durante as semanas seguintes, Matthew me treinou enquanto eu trabalhava no e-book. Minha maior revelação foi que eu não fazia vendas. Eu simplesmente não fazia. Eu gostava de marketing e, consequentemente, era um profissional de marketing decente. Vendas eram uma história totalmente diferente. Sou introvertido. (Quero dizer, um profissional autônomo que escreve livros o dia inteiro e trabalha com um pequeno grupo de pessoas por ano. Eu sou o exemplo típico de introvertido profissional.) Minha abordagem básica era deixar que meu marketing fizesse todo o trabalho pesado para que a venda acontecesse de forma natural.

Quando Matthew começou a falar sobre um roteiro de vendas, eu recuei por instinto. Eu não queria parecer um profissional de telemarketing robótico seguindo um roteiro determinado. Mas na verdade, meu jeito não estava funcionando muito bem.

Logo tive uma ligação de vendas. Eu não estava me sentindo confiante para seguir o processo que Matthew tinha me ajudado a criar (você poderia chamar de *A vantagem dos introvertidos* versão light), mas eu percorri cada passo como deveria ser feito. Em meia hora, o cliente estava pronto para assinar.

Eu desliguei o telefone e fiquei ali sentado, atônito. *Isso tinha mesmo acontecido? Eu tinha fechado um acordo de livro em trinta minutos? Sério?*

Durante as duas semanas e meia seguintes, vendi um total de 80 mil dólares em trabalhos de ghostwriting e de edição. Ao fim de seis meses, tinha vendido mais que nos três anos anteriores *juntos*.

Eu poderia contar a você a história dos três anos seguintes, mas vou dar apenas a versão resumida:

- Fomos de dificuldades financeiras para uma situação sem dívidas e financeiramente confortável.

- Mudamos de uma casinha (fofa) em um bairro mais antigo, com meu escritório na garagem, para uma casa maravilhosa que ainda temos dificuldade de acreditar que é nossa.
- Meus filhos têm fundos de investimento para sua educação. Independentemente de bolsas de estudos, prêmios ou qualquer coisa, quando cada um fizer 18 anos, vamos ter o suficiente para preencher um cheque e pagar a educação deles em quase qualquer universidade.
- Agora, tenho investimentos para a aposentadoria, e criamos um fundo para minha esposa além do plano de aposentadoria de seu empregador. Se não fizermos nada, mas continuarmos a investir a quantia bem administrável com a qual estamos contribuindo neste momento, vamos não apenas nos aposentar como milionários, mas conseguir viver confortavelmente dos juros e passar o principal para nossos filhos e netos.
- Viajei para Zurique a negócios.
- Levei minha esposa para Londres e Paris.
- No fim de semana antes de entregar este livro para o editor, fechei um contrato como ghostwriter grande o suficiente para não precisar de mais nenhum cliente por um ano.

Se você tivesse me dito no momento antes de eu atender a ligação de Matthew que essa seria minha vida nos três anos seguintes, eu teria pedido para você dividir o que quer que estivesse fumando. Deveria ser coisa boa.

Honestamente? Levei pelo menos dois anos para enfim aceitar que isso era o normal. Eu tinha vivido com medo por tanto tempo que não sabia como me sentir de outro jeito. Eu continuava a esperar que alguém batesse à minha porta e dissesse: "Derek, tudo isso foi um experimento social. Você aproveitou, mas o estudo acabou. Hora de voltar para a realidade. Você tem 24 horas para tirar as suas coisas."

Isso ainda não aconteceu.

Tudo isso porque Matthew me ensinou como utilizar meus pontos fortes como introvertido, como parar de temer vendas e como montar um processo de vendas básico que funcionasse para mim – algo que se encaixava em meu jeito de fazer negócios, não que me forçava a ir contra minha natureza.

Hoje, saio de casa e o céu parece diferente. O ar tem um cheiro diferente. Vejo que minha vida e meu mundo mudaram. Mas nada ao meu redor mudou: eu mudei.

O QUE EU FIZ

O que eu realmente fiz para vender 80 mil dólares em menos de três semanas?

Tentei todo tipo de outbound marketing: cold calling, e-mails não solicitados, mala direta, networking no LinkedIn, networking pessoal etc. etc. etc. Nunca consegui fazer com que isso gerasse trabalho como ghostwriter. Todo dólar que ganhei vinha de pessoas que me encontravam, principalmente através de meu site.

Antes do coaching de Matthew, quando eu recebia um e-mail, eu tentava fazer o máximo de pré-venda possível em minha resposta. Eu respondia com um e-mail repleto de informação, com cinco ou sete anexos com ainda mais informação. Queria que meus autores em potencial se decidissem ao ler aquilo tudo e depois simplesmente pegassem o telefone quando tivessem tomado uma decisão. Como Matthew observou, ninguém quer confiar seu livro – talvez o projeto de sua vida – a alguém com base em um e-mail e alguns PDFs. Eu escrevia esses e-mails longos porque era o que eu queria enviar, não o que autores em potencial queriam ver.

Dessa vez, eu respondi simplesmente com uma mensagem curta e simpática, sugerindo alguns horários para um telefonema. Nós confirmamos o horário, e eu não fiz mais nada.

Quando falamos ao telefone, eu conduzi os clientes pelos principais passos de meu processo de vendas recém-criado:

Relacionamento: Perguntei onde os dois futuros coautores viviam, então conversamos (o que se transformou em piadas) sobre nossos respectivos sotaques (norte-americano do Sul, britânico e australiano).

Perguntas: Questionei sobre o livro que eles tinham em mente e fiz algumas perguntas esclarecedoras para mostrar a eles que eu tinha entendido o que eles queriam.

Histórias: Contei a eles duas histórias. A primeira foi sobre três autores com quem eu tinha trabalhado que precisaram de ajuda para descobrir sobre o que queriam escrever, e como o processo de trabalhar comigo resultou na reestruturação de todo o processo de negócio deles. A segunda história envolvia uma consultora franco-alemã cujo marido, ao ler o manuscrito que eu tinha escrito, ergueu os olhos de onde estava no sofá e disse: "Uau, isso parece exatamente com você."

Foi isso. Perceba que eu não tinha objetivos, processo de qualificação nem amortecedores para lidar com objeções – ainda havia muitas coisas que eu precisava adotar da abordagem de Matthew. Ainda assim, sem todas essas coisas e usando apenas o básico de seu processo, eu consegui fechar 80 mil dólares em vendas.

Depois de um pouco mais de conversa, eu nem tive que perguntar sobre a venda. Os futuros coautores perguntaram qual era meu preço. Eu disse a eles. Eles concordaram e me pediram para enviar o contrato.

Passei pelo mesmo processo duas vezes na semana seguinte, com outro projeto como ghostwriter e depois com um pequeno projeto de edição. Durante três telefonemas, totalizando cerca de três horas, mudei o rumo de minha vida – pessoal e profissionalmente.

O QUE EU FAÇO AGORA

Ainda não me considero um grande vendedor. Apenas um vendedor decente.

Mas isso foi tudo que precisei para conseguir uma renda de seis dígitos todos os anos. Meu processo de vendas ficou um pouco mais sofisticado, e minha conta bancária reflete isso. Quanto melhor eu fico, mais eu vendo. Às vezes, eu penso: *Cara, estou ficando muito bom nesse negócio de vendas!*

Em determinado momento, porém, minha confiança levou a um excesso de confiança. Comecei a ver minhas vendas caírem. Na verdade, estava com as vendas paradas havia cerca de seis meses. Aquele sentimento horrível de desespero começou a voltar para meu coração. Os medos que eu achava ter vencido voltaram para me assombrar.

Eu procurei o homem que tinha me salvado antes.

A primeira pergunta de Matthew: "Bom, você está seguindo seu roteiro?"

Eu disse: "Bom... Ele meio que ficou orgânico..."

Nós o repassamos, e eu vi onde tinha deixado algumas coisas escaparem. Duas semanas depois, fechei um negócio que me levou aos Alpes Suíços; um mês depois disso, outro me levou a Londres.

Eu voltei para o básico, e as coisas foram retomadas de imediato.

Vou mostrar a você o que faço agora, mas tenha em mente que, quando este livro for publicado, eu vou ter mudado alguma coisa. Na verdade, trabalhar neste capítulo com Matthew me deu a chance de ter ainda mais coaching em meu roteiro de vendas. Vou incorporar essas mudanças e fazer algumas modificações eu mesmo. Elas podem funcionar, podem não dar certo ou podem ser indiferentes, mas vou experimentar – a chave é mudar uma coisa de cada vez.

Meus leads de vendas continuam a vir de fontes on-line, principalmente através de buscas orgânicas (simples buscas no Google) ou uma busca por palavra-chave que dispara um anúncio pago por cliques (PPC). Muitos de meus esforços de marketing se concentram em SEO (Search Engine Optimization), mas também publiquei um livro (*The Business Book Bible*), fui convidado em alguns podcasts e fiz um monte de outras coisas para ajudar as pessoas a me encontrarem.

Mas – e deixe-me esclarecer para destacar a essência deste livro – não estou tentando apenas conseguir mais tráfego, nem mesmo mais tráfego de qualidade. Não precisei de livro ou PPC para vender aqueles 80 mil dólares iniciais. Na verdade, sem um processo de vendas decente, tudo o que essas ferramentas teriam me conseguido seriam mais consultas, não mais vendas. Eu não fiz nada diferente, *apenas aprendi a vender para pessoas que já estavam à minha frente.*

Estou prestes a contar a você como transcorrem 80% de minhas ligações.

Honestamente? Transcrever meu roteiro de vendas para todo mundo ver (ou pelo menos para as pessoas que lerem este livro) me deixa desconfortável. Fico preocupado que você sinta que sou falso por ter uma rotina definida. Mas isso vale a pena se também ajudar introvertidos como eu a encontrar o sucesso na busca de seus sonhos.

Descobri que, em uma ligação, estar preparado e no controle me ajuda a ser eu mesmo. Em vez de ter que pensar sobre uma pergunta ou comentário, posso me concentrar no presente. Posso me concentrar mais na resposta do cliente, em vez de ter que criar a minha própria. Antes de ter um processo de vendas, eu não tinha nenhuma preparação para um telefonema. Eu tentava fazer todas as minhas vendas por e-mail. O cliente, automaticamente, conduzia a conversa. A discussão sobre preço acontecia cedo demais, muito antes de o autor ter uma chance de apreciar o que eu estava oferecendo. Eu respondia da melhor maneira possível, mas inevitavelmente terminava a ligação sentindo que tinha de algum modo falhado. Em tempos de autonegação, eu culpava os autores por não me escolherem como o ghostwriter deles. Eles não podiam pagar meu preço, não sabiam o que queriam, temiam que eu não tivesse a experiência necessária ou qualquer uma das dezenas de razões pelas quais meu fracasso em vendas era culpa deles.

Nenhuma das opções acima era verdade. Quando montei um processo básico de vendas, de repente o dinheiro não era uma questão, eles sabiam exatamente o que queriam e estavam impressionados com o nível de experiência que eu tinha com outros autores iguais a eles.

Saber como a ligação vai transcorrer tira a preocupação do que eu deveria dizer e como eu deveria responder. Com isso, eu já tirei a parte difícil do caminho. Em vez de me preocupar com meu desempenho, posso deixar que as coisas automáticas aconteçam quase sem esforço consciente. Isso me libera para estar totalmente presente: para me concentrar no que os clientes estão dizendo, em vez de me estressar para descobrir como responder quando eles terminam de falar.

É assim que mais de 80% de minhas vendas acontecem:

PRIMEIRO PASSO: CONFIANÇA E OBJETIVOS

(Início da ligação.)

"Olá, aqui é Derek."

(Espere a resposta.)

"[Nome], é um prazer conhecê-lo, obrigado por me procurar. Onde você mora?"

(Espere a resposta, depois tenha uma conversa rápida ou faça uma piada sobre o lugar.)

"Bom, eis como, em geral, eu sugiro que os telefonemas se desenrolem. Vou deixar que você me fale de sua formação profissional, de quando você começou sua carreira e em que ponto se encontra hoje. Depois, vou lhe mostrar um retrato rápido do tipo de autor com quem trabalho e os tipos de projeto com os quais colaboro. Então, você me conta sobre sua ideia para o livro e em que etapa você está com ele. Em seguida, vamos passar pelo processo de cinco passos que uso para todo projeto. Aí podemos conversar sobre os diferentes pacotes de serviços que ofereço e meu preço para cada um deles. O que acha disso?"

(Espere a resposta.)

"Ótimo. Tudo bem. O palco é seu. Conte-me sobre [nome completo]."

(Escute com atenção sua formação profissional. Ria ou faça comentários apropriados.)

"Obrigado por contar tudo isso. Isso me dá uma boa ideia de onde você veio. Para apresentar um retrato rápido de mim mesmo, trabalho quase exclusivamente com líderes do pensamento sobre negócios, como você. Já trabalhei com autores de cinco continentes, entre

eles um economista turco, um magnata do petróleo do Texas, um milionário de uma startup de TI, um juiz federal brasileiro e um coronel Cajun.

"Meus autores trabalham com o Fundo Monetário Internacional, a DaimlerChrysler, a SAP, a Disney, a marinha norte-americana e até com a Cruz Vermelha. Depois de alguns anos trabalhando com esse tipo de autor, fiquei frustrado por não haver uma boa fonte de consulta sobre como escrever esse tipo de livro. Por isso, escrevi um livro sobre como escrever livros de lideranças do pensamento sobre negócios, The Business Book Bible, publicado há alguns anos.

"Meu autor típico está no negócio há dez, vinte anos, e administrou sua empresa por pelo menos de cinco a dez. Claro que todo mundo quer que seu livro seja um best-seller; entretanto, para meus autores, o sucesso comercial é um objetivo secundário. Eles escrevem seus livros principalmente para que sejam um livro plataforma: algo para ajudá-los a vender seu conhecimento, ajudá-los a conseguir palestras ou promover seus outros produtos ou serviços.

"Então, tudo isso é para dizer: você é exatamente o tipo de autor com quem eu trabalho. Se você tivesse me procurado dizendo 'Derek, eu queria escrever minhas memórias ou um livro erótico sobre vampiros', eu diria 'Desculpe, mas essa não é minha praia'. Mas pensamento de liderança nos negócios? Isso é o que eu faço todo dia."

Se eles só tivessem falado de sua formação profissional antes: *"Agora, conte-me sobre seu livro."*

Se eles começaram a falar sobre sua formação, depois passaram a falar sobre a ideia de livro, diga: *"Então, nós já começamos a falar sobre seu livro, mas..."* e siga para o Segundo Passo.

SEGUNDO PASSO: FAÇA PERGUNTAS INVESTIGATIVAS

Faça perguntas selecionadas, com base em informações e/ou preocupações levantadas no discurso deles.

(Como o treinamento de Matthew foi não só sobre minhas vendas, mas também sobre meu marketing, as preocupações de meus autores são tão parecidas que eu indiretamente trato delas durante a ligação de vendas. Eu não preciso fazer muitas perguntas investigativas, porque quase todos os pontos de dor são idênticos.)

"Deixe-me perguntar uma coisa: imagine-se daqui a um ano. Nós já terminamos seu manuscrito, passamos pelo que é necessário para transformá-lo em um livro de verdade, e você o está segurando nas mãos. O que você faz com seu livro?"

"Há quanto tempo você estava pensando em escrever seu livro? Um ano? Dois anos? Dez?"

"Você já decidiu se quer seguir pelo caminho tradicional de publicação ou pelo caminho da autopublicação?"

TERCEIRO PASSO: QUALIFICAÇÃO

"Você tem um sócio nos negócios ou coautor, ou você vai escrever esse livro sozinho?"

(Se não for o único autor:) *"Está bem, ótimo. Eu trabalhei em diversos projetos com mais de um autor. Isso acrescenta uma camada de complexidade, mas não é nada com que se preocupar. Quando vamos marcar uma reunião com eles para conversar sobre o envolvimento no livro?"*

(Se for o único autor:) *"Está bem, ótimo. Agora, e a aprovação? Há investidores ou outras pessoas envolvidas na aprovação do livro? Nós precisamos nos preocupar com isso?"*

QUARTO PASSO: VENDAS BASEADAS EM STORYTELLING

"Sabe, nunca tive um autor que soubesse exatamente sobre o que era seu livro, exatamente como o queria, exatamente sobre o que seria o capítulo 1, exatamente sobre o que seria o capítulo 2. Na maioria das vezes, eles sabem só que querem escrever um livro. Meus autores não me procuram porque precisam de alguém que saiba organizar uma frase; eles me procuram porque precisam de alguém que possa ajudá-los a tirar seus anos de ideias e experiências da cabeça e

botá-los no papel de um jeito que as pessoas realmente queiram ler. Então, você está em boa companhia."

(Espere a resposta.)

"Então, eu levei um tempo para descobrir isso. Mudei a maneira de trabalhar com meus autores ao longo dos anos para acomodar esse estágio de descobrir do que se trata o livro em primeiro lugar.

"Deixe-me falar sobre o processo de cinco passos que eu uso para tirar isso de sua cabeça e botar em um manuscrito. Vou listá-los rapidamente, depois vou falar sobre cada um deles.

"Há a descoberta, o esboço, o rascunho Frankenstein, a edição e o acabamento.

"O processo de descoberta começa quando eu viajo para sua cidade para um retiro de três dias com o autor, no qual nos trancamos em um quarto ou escritório e fazemos um brainstorm. Você vai me contar tudo o que fez durante os últimos dez ou vinte anos: suas ideias, suas experiências, suas histórias, seu conhecimento – tudo e qualquer coisa que você acha poder estar, mesmo que remotamente, relacionada com o livro. Eu vou gravar tudo e enviar para uma pessoa no Kansas que vai transcrever para mim. Então, combinaremos duas semanas de reuniões remotas de acompanhamento, para discutir qualquer coisa que você possa ter lembrado. No fim de tudo isso, vamos ter essa montanha de material bruto para usar enquanto avançamos para descobrir sobre o que é seu livro.

"No segundo passo, criamos um rascunho. Eu examino e seleciono essas horas e horas de conversas para descobrir os temas principais de seu livro. Vamos trabalhar juntos para dizer 'Este é o leitor do livro, este é seu problema, e assim o livro o resolve. Isso é o que acontece no capítulo 1: conteúdo, histórias, exemplos, citações e mais. Isso é o que acontece no capítulo 2, no capítulo 3'. Então, temos essa estrutura de trabalho do que vamos fazer com o livro.

"No terceiro passo, eu escrevo o primeiro capítulo, envio para você, você lê, nós falamos pelo telefone e você me conta do que gostou e do que não gostou, o que combinou com você e o que não combinou, qualquer ideia nova que você teve, e o que nós deveríamos

fazer daqui para a frente. Eu anoto toda essa informação e escrevo o segundo capítulo. Eu o envio para você, você lê e passamos por todo o processo outra vez. Capítulo por capítulo, vamos ganhando clareza em nossa visão do livro. Nós estamos dando forma a ele mesmo enquanto o criamos.

"Ao fim disso, temos nosso rascunho Frankenstein. Eu o chamo assim porque escrever um livro se parece menos com pintar a Mona Lisa e mais com dar vida ao monstro de Frankenstein, que é montado e costurado a partir de dezenas de partes diferentes. Não é bonito – mas está vivo.

"No quarto passo, volto ao começo e reescrevo o manuscrito com base em todos os seus feedbacks, comentários, clareza de visão e qualquer ideia nova que tivemos. É quase como se tivéssemos que escrever o livro antes de saber sobre o que estamos escrevendo.

"Então, eu entrego essa versão a você. Você a mostra para algumas pessoas que vão lhe dar um feedback honesto – sua esposa e um sócio nos negócios, por exemplo –, e então tornamos a nos reunir. Você vai dizer: 'Derek, nós precisamos mudar isso.' Eu vou dizer: '[Nome], depois de voltar a isso com a cabeça fresca, eis o que eu acho que precisamos fazer.'

"Faço mais uma edição, não apenas cuidando de qualquer mudança, mas também garantindo que cada frase e parágrafo esteja fluido e conciso. Ao fim disso, eu passo o livro para dois revisores sucessivamente, e então, meu amigo, você vai ter um manuscrito.

"Eu posso ajudá-lo a avaliar os prós e os contras de buscar uma editora profissional ou se autopublicar, mas de qualquer jeito, você vai ter um manuscrito no padrão da indústria.

"Está bem, agora que entreguei a você todas essas informações, deixe-me perguntar: Alguma pergunta sobre alguma dessas coisas em meu processo de cinco passos?"

(Espere por uma variação de "Não, tudo isso faz sentido".)

"A beleza dessa abordagem é que cada passo no caminho permite que você obtenha mais clareza em sua visão do livro. Quanto mais clareza você tem em relação à sua visão, mais claramente você con-

segue comunicar isso para mim, e mais claramente posso traduzir isso no seu livro para que ele incorpore sua visão.

"Vou contar a você o maior elogio que recebi como ghostwriter profissional. Trabalhei com uma consultora que não deixava seu marido ler nenhum rascunho do manuscrito – em parte, eu acho, porque ela queria desenvolver suas ideias por conta própria e, em parte, eu acho, só para irritá-lo. Quando ela finalmente deixou que ele lesse um rascunho praticamente terminado, ela o imprimiu, e ele foi ler no sofá. Algumas horas depois, ela teve que passar pela sala a caminho da cozinha, e seu marido tirou os olhos do manuscrito e disse: 'Ah, meu deus, isso soa igualzinho a você!'

"Foi quando eu soube que tinha feito meu trabalho: quando o próprio marido acha que seu livro soa igual a você. Esse é o maior elogio que um ghostwriter profissional pode receber."

(Espere a resposta.)

QUINTO E SEXTO PASSOS: LIDANDO COM OBJEÇÕES E CONCLUSÃO

(Em meu processo de vendas, normalmente não me deparo com uma objeção – quando há – até depois de apresentar meus preços e de perguntar qual é o orçamento deles.)

"Está bem, então a grande pergunta, claro, é: 'Quanto isso custa?' Deixe-me explicar a você os diferentes pacotes que ofereço, começando com o mais inclusivo e descendo a partir dele."

(Descreva três níveis de serviço – serviço completo, serviço essencial e coaching – e um preço fixo para cada, começando com o mais caro. É, Matthew também me ajudou a criar isso.)

"Então, eu entendo, é claro, que escrever um livro de pensamento de liderança nos negócios é um investimento de marketing, e seu investimento precisa justificar o custo. Que orçamento você tinha em mente para o livro?"

(Espere a resposta.)

(Se detectar uma hesitação em relação ao preço:) *"Bem, entendo totalmente a necessidade de pensar sobre isso. É um grande investimento de tempo e dinheiro, mas deixe-me contar uma história rápida para ajudá-lo.*

"Uma vez, um consultor financeiro me procurou querendo escrever um livro que não era apenas sobre como administrar seu dinheiro, mas sobre como deixar um legado financeiro duradouro. O próprio livro era para ser seu legado para o filho.

"Mas sendo um cara que passava os dias administrando os investimentos de outras pessoas, ele simplesmente não conseguia justificar em sua cabeça o custo do livro.

"Dois anos depois, ele finalmente voltou e disse: 'Derek, não consigo tirar isso da minha cabeça. Eu preciso escrever esse livro.' Ele preencheu o cheque, nós assinamos os papéis e enfim começamos um livro que já estaria pronto se ele tivesse começado quando soube que realmente precisava escrevê-lo."

(Caso contrário:) *"Sabe de uma coisa, por que eu não preparo um rascunho de como seria nosso acordo e envio para você dar uma olhada? Podemos marcar um telefonema na semana que vem para conversar sobre ele. Isso parece bom?*

"Ótimo. Bom, olhe, [nome], eu faço isso há tempo suficiente para saber procurar duas coisas principais em ligações como essa. A primeira é que eu faça o autor rir. A segunda é que o autor me faça rir. Se dois estranhos falam ao telefone e fazem um ao outro rir, isso normalmente é indicativo de como vai ser o relacionamento. E quanto melhor trabalharmos juntos, melhor vai ser o livro."

(Espere a resposta.)

"Está bem. Bom, foi ótimo conhecê-lo, e estou ansioso para explorar isso mais a fundo juntos."

Sério. Isso é tudo o que faço. Seis dígitos por ano. Ano após ano.

POR QUE ME DAR AO TRABALHO?

O roteiro de Derek pode parecer longo. Você pode estar pensando que é muito trabalhoso prepará-lo e decorá-lo. Mas a piada que eu costumava contar para minha equipe no Instituto Pollard era que as pessoas decoram peças de Shakespeare inteiras para ganhar 20 mil dólares por ano. Se decorassem meu roteiro, poderiam ganhar 200 mil dólares por ano.

Até hoje, eu ainda uso um roteiro. Na verdade, meu roteiro foi testado depois que eu falei no encontro de vice-presidentes da Electrolux em Bangkok. A viagem de volta para casa durou trinta horas, e eu finalmente cheguei em casa tarde da noite, em uma quinta-feira... Com doze telefonemas de vendas marcados para o dia seguinte. A oportunidade de falar tinha sido uma coisa de última hora, mas adiar todas essas ligações seria um pesadelo. Então, fiz todos os doze telefonemas, louco de jet lag e me esforçando para manter a concentração. Eu simplesmente usei o mesmo roteiro palavra por palavra – talvez com um pouco (ou muito) menos de vibração – e concluí tantas vendas quanto em qualquer outro dia.

Faça o trabalho. Prepare um roteiro. Ganhe dinheiro.

11

maestria

Entre os 10% melhores profissionais de vendas, todos usam uma apresentação planejada. Os que ganham pouco dinheiro, aqueles entre os 80% piores, simplesmente dizem o que quer que surja em suas mentes quando se encontram com clientes.

– Brian Tracy, *The Psychology of Selling*

Aqueles que não sabem vender, ensinam.

Pelo menos, é assim que a maioria dos vendedores veem a maioria dos instrutores de vendas. Então, quando o chefe de Thomas me chamou para falar com ele e os outros dois da equipe de vendas da Colliers, não foi surpresa isso ter sido exatamente o que vi em seus rostos: nenhum interesse em escutar mais um fanfarrão que se dedicou a treinamento depois de decidir que não conseguia mais lidar com o mundo difícil das vendas.

Para ser educado, o mais agressivo da equipe me perguntou como tinha sido meu Dia de Ação de Graças uma semana antes.

"Ah, foi bom. Só que acabou cedo."

Naturalmente, ele perguntou por que tinha acabado cedo.

Eu disse: "Bom, eu tive que dormir cedo na quinta à noite porque tinha duas entrevistas para a TV na manhã seguinte. Claro, o resto da família ficou acordado até tarde se divertindo e fazendo barulho, então eu não consegui dormir. Eu tinha que estar na KXAN às 5h30, e depois no estúdio da FOX às 7h15. Outro convidado da FOX me reconheceu por causa de minha participação na TV às 5h30 e começou a conversar comigo, e então perguntou: 'Como você está conseguindo toda essa mídia grátis? Me custou muito para estar neste programa.' Eu contei a ele que sou muito bom em encontrar um gancho e contar uma boa história para a redação.

"Enfim, para encurtar a história, ele me chamou para um brainstorm em sua empresa para explicar o que eu estava fazendo. Depois da sessão, eles ficaram tão impressionados que me perguntaram se eu gostaria de falar em sua convenção, que é um dos maiores palcos dos Estados Unidos.

"Em suma, meu Dia de Ação de Graças foi um pouco encurtado, mas no geral, deu tudo certo."

Eu fiz uma pausa breve, porque percebia que eles estavam impressionados. Então eu disse: "Então, me digam o que eu acabei de fazer."

Eles se entreolharam, perdidos.

Eu disse: "Pude ver em seus rostos quando entrei que todos vocês tinham objeções a ter um treinamento de vendas. Eu usei uma história verdadeira cheia de pontos de credibilidade para evitar essa objeção, para que vocês pudessem me ver e enxergar o treinamento como poderia ser – e que eu garanto que vai ser: incrível. Então, vamos começar."

Um deles me disse depois que, quando eu contei aquela história, tudo em que ele conseguia pensar era: *minha nossa, esse cara é sério!*

Se eu não tivesse começado com aquela historinha, não sei se dois vendedores casca-grossa e um introvertido motivado teriam hoje uma "hora da história" marcada em suas agendas toda semana. Embora eu já tivesse marcado três sessões de treinamento em minha reunião com as pessoas importantes da firma, eu também tinha que vender o valor desse treinamento para os próprios vendedores. Afinal de contas, treinar pessoas que, para começar, não estão prestando atenção no que estou dizendo, torna difícil obter resultados – e estou sempre focado em conseguir para cada um de meus clientes um retorno do investimento no mundo real.

Eu poderia ter dito: "Seus chefes já pagaram por isso; vocês têm que estar aqui, então sentem e escutem." Mas isso não os teria ajudado. Eu poderia simplesmente ter ignorado suas expressões e começado a treinar uma plateia nada receptiva na esperança que, no fim, eles mudassem de ideia. Em vez disso, fiz um pitch de vendas não planejado, ganhei a "venda" e passei a ter um ótimo relacionamento com aqueles caras... E usei exatamente essa história pelo resto da semana toda vez que um cliente em potencial me perguntava como tinha sido meu Dia de Ação de Graças.

Na verdade, fiz com que o vendedor mais agressivo fosse até o estúdio de Alex Murphy e gravasse um estudo de caso para mim. Nele, ele diz que no início não levou fé nas minhas besteiras, mas os resultados estavam ali – e ele não estaria diante daquela câmera se não estivessem.

Isso parece ir contra tudo o que acabamos de falar neste livro até o momento, não é? Sair da preparação, da prática e de "executar o programa" para fazer algo com espontaneidade e de improviso? Não parece fazer sentido.

Na verdade, isso é ser muito bom na vantagem dos introvertidos.

Quando você consegue que seu sistema de vendas funcione, você vai estar pronto para enfrentar 80% das situações de vendas que aparecerem no seu caminho. Se você não ler além deste ponto e botar em prática tudo o que eu apresentei, ainda vai se sair incrivelmente bem: melhor que 90% de seus concorrentes. Além disso, você não vai ter que pressionar tanto! Você vai descobrir que contar suas histórias se torna natural. Aí, você vai ficar bom em incorporar novas histórias. Com o tempo, você vai ficar bom em incorporar histórias no improviso (como eu fiz para a Colliers).

É como aprender a andar de bicicleta. No início, você precisa de rodinhas; para isso são os exemplos deste livro. Depois, você aprende o básico de andar de bicicleta; é para isso que servem os sete passos. Quando você se torna muito bom, pode começar a plantar bananeira ou andar em uma roda; este capítulo é para isso.

TODO MUNDO ADORA OPÇÕES

Os sete passos ajudam você a se concentrar no seu tipo principal de cliente. Mas e os tipos secundários? E se você vende dois serviços muito diferentes? E se você tem duas versões de um produto: uma residencial e uma comercial? Bom, aí você vai precisar de mais de uma oferta... Assim como do conhecimento para escolher a apropriada de acordo com a situação.

E se você vende treinamento individual ou em grupo para, digamos, consultoria de marketing? A informação pode ser parecida, mas a venda e a entrega são bem diferentes. Com a primeira, você está vendendo para indivíduos comprando coaching e consultoria para si mesmos por um período de tempo. Com a segunda, você está vendendo um evento único para alguém comprando treinamento para parte dos funcionários de sua empresa. Elas variam muito na entrega, na quantidade de contato direto e no preço… E você precisa estar preparado para articular exatamente quais são as diferenças. Obviamente, você vai precisar de duas abordagens diferentes.

Nós identificamos um dos desafios de Derek como sendo ter apenas um produto para vender para um tipo de cliente: serviço de ghostwriter de alta qualidade. Claro, ele fazia edição de texto aqui e ali, mas se atrapalhava com o processo de fazer essas vendas. Em geral, se você não pudesse pagar o preço dele, ele não sabia o que fazer com você.

Ele sabia como entregar mais que o serviço de ghostwriter, mas não sabia como vender. Quando nós o deixamos confortável em vender, expandimos seu repertório de programas para que, quando ele reconhecesse que um cliente em potencial não podia pagar por um ghostwriter, ele soubesse como, em vez disso, vender um acordo de coaching. Ele chegou perto de um faturamento de seis dígitos em serviços que não eram de ghostwriter com meia dúzia de autores, em apenas dois anos.

Se você tem só um pacote, você está se limitando.

PREPARANDO-SE PARA ESCALAR

Na linha de montagem de uma fábrica, não importa quem opera a maquinaria. A mesma matéria-prima entra e o mesmo produto uniformizado sai.

Não importa (ou não deveria) quem vai trabalhar naquele dia. Não importa se alguém está de férias ou licença médica. Enquanto o operador seguir o mesmo processo, a mesma coisa acontece por toda a linha de montagem.

Vendas funcionam da mesma maneira. Ou, pelo menos, podem funcionar.

Para as equipes de vendas que comandei e contratei, não peço aos vendedores para chegarem com a própria abordagem de vendas. Não preciso que eles sejam criativos. Não preciso de extrovertidos, preciso de pessoas que possam "executar o programa".

Hoje em dia, quase sempre contrato introvertidos. Eles não têm nenhum mau hábito para ser desfeito. Eles não planejam contar com charme e habilidade de conversar, porque normalmente não acreditam que os têm. (Não é verdade, claro. Eles ficam tão nervosos tentando vender que a própria personalidade é enterrada embaixo de ansiedade.) Eles precisam de um sistema.

Lado positivo: eles são atentos aos detalhes, então fazem a papelada corretamente e tomam notas durante reuniões. Aqueles que chefiaram extrovertidos sabem que isso é frequentemente um pesadelo. Introvertidos são grandes ouvintes, naturalmente propensos a se concentrar mais no que o cliente está realmente dizendo.

Como mencionei antes, quando um de meus vendedores tinha uma queda nas vendas, minha primeira pergunta era: "Você está seguindo o roteiro?" Nove em cada dez vezes, eles não estavam. Tinham ficado confiantes demais, resumiam partes, tinham improvisado – alguma coisa tinha mudado. Quando eles voltavam ao roteiro, viam suas vendas voltarem ao normal.

"Mas Matthew", você pode estar pensando, "isso não contraria o que você disse sobre ser sincero e autêntico? Eu não estaria forçando alguém a seguir um sistema de vendas criado para mim, não para eles? Eu não estaria fazendo com que eles contassem *minhas* piadas e *minhas* histórias?"

Primeiro, você já provou que seu processo funciona com a clientela que você almeja e atrai. Isso é a base de referência. Segundo, poder contar com um processo comprovado permite que os vendedores relaxem e sigam o fluxo (assim como você). Eles podem ser autênticos e sinceros porque não têm que se preocupar com a performance individual. Terceiro, eles podem usar as histórias de toda a organização, e não apenas as próprias. Efetivamente, eles começam com décadas de experiência em vez de pouca ou nenhuma.

Os três vendedores da Colliers não usaram histórias próprias para quadruplicar o número de reuniões e começar a fechar negócios com grandes clientes; eles falaram com os três profissionais mais importantes – Volney, Doug e Marc – que, juntos, tinham cem anos de experiência no mercado imobiliário. A equipe abordou os fundadores com a própria lista das objeções mais comuns, e então pediu uma história de um cliente em perspectiva com a mesma objeção que se tornou cliente e teve um resultado de sucesso. Quando saíram para vender, contaram a história não como "Eu tive um cliente que...", mas como "Nós tivemos um cliente que..."

Mas quando sua equipe deve começar a experimentar por conta própria? Eu não permitiria. Se você tem uma equipe de apenas três vendedores (mais você), é quase impossível acompanhar o que funciona e o que não funciona se todos os três estão tentando experimentos diferentes ao mesmo tempo. Só o vendedor principal pode experimentar coisas novas (de preferência, esse deve sempre ser você). Se todo mundo substituir uma história por outra e as vendas subirem, então você sabe que a história funciona.

Como em uma linha de montagem, você não permite que os vários operadores redefinam todo o sistema sempre que quiserem. Há um sistema, um processo: o seu.

Pode parecer que isso se baseia numa falta de confiança nos vendedores – e funcionários em geral –, mas na verdade tem mais a ver com controle de qualidade. Se você está chefiando uma equipe de vendas, é o seu pescoço que está em jogo. Um vendedor pode encontrar outro emprego. Entretanto, se você é o dono ou o gerente de um negócio, você ainda é responsável por entregar os números. Você precisa de um processo que funcione, independentemente de quem o execute.

Sei que isso contraria a cultura de vendas, mas você, na verdade, não quer contar com estrelas, astros do rock e figurões. Se vendas fossem uma linha de montagem, essas seriam suas anomalias estatísticas. Não importa que essas anomalias produzam um produto superior: o problema é que seu processo de vendas não é confiável. Além disso, se um operador consegue produzir sempre resultados superiores, significa que o resto dos operadores está trabalhando em níveis abaixo do ótimo. Em resumo, se uma pessoa pode fazer, todas as pessoas deveriam fazer.

Se você tem um superastro contratado, isso não significa que você deve demitir essa pessoa por não seguir o processo. Quando me tornei gerente de vendas pela primeira vez, eu gostava das vendas que vinham desses tipos, e cheguei até a aprender algumas de suas histórias e truques. Eu os usei para criar e aperfeiçoar meu roteiro para toda a equipe. Àquela altura, eu nem me dei ao trabalho de treinar o superastro. Logo, os resultados do processo apareceram. Enquanto ele brilhava em alguns dias, os introvertidos o superavam em todos os sentidos. Em pouco tempo, o supervendedor entrou em meu escritório e disse: "O que é esse roteiro que você está ensinando para todas as outras pessoas?"

Quando você apresenta roteiros para sua equipe, duas coisas acontecem. Os superastros vão até seu escritório querendo saber sobre "esse negócio de roteiro", ou eles vão para outro emprego. De qualquer jeito, você não é mais dependente deles. Você diversificou, e seu negócio está seguro.

NÃO ENTREGUE SEU NEGÓCIO

A maioria dos proprietários de negócios e executivos odeia vender.

Empreendedores abrem negócios porque têm uma ideia ou habilidade, não porque sabem vender. Executivos avançam na pirâmide corporativa devido a uma habilidade; os vendedores, em geral, ganham dinheiro demais de comissão para aceitar uma redução de pagamento assumindo uma posição assalariada. Quando você olha para os CEOs da Fortune 500, poucos começaram com vendas. A maioria tinha uma habilidade profissional (engenharia, finanças, advocacia), e então subiu os degraus para se tornarem diretores financeiros ou de operações antes de assumirem o comando.

Por isso, as pessoas no topo dos negócios não querem "fazer" vendas. Em uma empresa maior, elas deixam que o departamento de vendas produza o dinheiro como um passe de mágica. Mas já vi empresas terem grandes problemas por atribuir as vendas a uma pessoa ou grupo fora do círculo de tomada de decisões. Em empresas grandes, os executivos estão tão longe dos clientes que perdem conversas cruciais e novos indicadores de que seu mercado está mudando. Quando as vendas se tornam um problema, eles não estão equipados para lidar com ele. Eles contratam mais vendedores ou tentam incentivar os que já têm. Gastam dinheiro com o problema na esperança de solucioná-lo.

É pior para empresas pequenas. Uma das primeiras pessoas que os donos contratam é frequentemente um vendedor. Os donos de negócios querem parar logo de vender para poderem se concentrar naquilo em que são bons. Eles deixam que o vendedor (ou vendedora) saia e gere negócios enquanto ficam sentados à mesa ou bancada, fazendo o trabalho de verdade.

Nem pense em fazer isso!

Ao fazer isso, você entrega o controle de sua empresa e de seu bem-estar para alguém que acabou de conhecer. Se eles souberem como fazer dinheiro, eles o manterão como refém. Eles podem exigir comissões maiores em troca de continuar a providenciar sua única fonte de receita e clientes. Além disso, nesse modelo, você se torna um gargalo. O vendedor só pode vender tanto quanto você tem a capacidade de entregar.

Se você tem um sistema de vendas, é mais fácil contratar técnicos para fazer o trabalho e treiná-los para fazê-lo tão bem quanto você. Depois que aprender a contratar e a treinar em busca de habilidade técnica, aí você pode acrescentar continuamente mais capacidade à medida que consegue vender. Você pode contratar vendedores, também. O céu é o limite.

Não estou dizendo para você ser o principal vendedor na vida de sua empresa. Só estou dizendo que você não pode entregar as vendas para outra pessoa até dominar o processo. Se seu vendedor for embora, você pode entrar em ação até substituí-lo.

QUANDO VENDAS E MARKETING TRABALHAM JUNTOS

Em um depoimento que gravou para mim, Derek disse que ainda não é muito bom em vendas. Ele diz que é apenas "decente" (embora eu ache que ele não dê muito crédito a si mesmo).

"Mas nós juntamos um marketing decente com vendas decentes e... Bom, eu dobrei o que cobro de meus clientes", diz ele no vídeo.

Mesmo que você já tenha um bom sistema de marketing em funcionamento, como ele tinha, ele pode melhorar quando você começa a usar o que aprendeu com seu sucesso em vendas. Tome meu exemplo: eu não percebia que tantas pessoas para quem eu prestava consultoria tinham personalidades introvertidas até começar a ver quem experimentava os maiores resultados ao trabalhar comigo. Quando percebi que eles se viam como introvertidos, comecei a vender crescimento rápido para introvertidos. Meu objetivo não era ajudar introvertidos, mas agora que sei que meu marketing atrai essas pessoas, posso ter mais intenção em falar diretamente com elas.

Quando você encontra uma história que funciona bem, faz sentido ir em frente e usá-la em seu marketing, não faz? Seja em seus anúncios, nos textos do site, nas mídias sociais, nas malas diretas e em qualquer outro lugar onde as pessoas possam encontrá-la.

Dependendo do meio, ela pode não ter a mesma força que quando contada pessoalmente por você, mas é melhor que cupons genéricos de dois pelo preço de um ou a mesma promessa de "seguro, rápido e confiável".

Na verdade, quanto melhor você conhece os clientes, melhor você pode falar diretamente com eles sobre a situação. Em seus telefonemas de vendas, Derek ouvia muitas vezes que a pessoa se sentava ao computador, abria o Microsoft Word, escrevia "Capítulo 1" no alto da página, se preparava para começar a escrever o livro… E congelava. "É como se todos os meus anos de experiência voassem pela janela. Minha mente está vazia como a tela", disse um cliente a ele. Depois de ouvir isso várias vezes, o que Derek fez? Ele começou a usar essa história em todo o seu site e nos anúncios on-line.

Uma objeção que Alex Murphy ouvia repetidas vezes era que a empresa tinha "feito um vídeo que não fez nenhuma diferença". Quando discutimos isso – e ele me explicou por que um único vídeo isolado não funciona –, eu o rebatizei de "o estrategista da narrativa".

Hoje, quando as pessoas perguntam a ele o que é isso, ele explica por que um vídeo ou mesmo uma única campanha em vídeo não funciona. Seu marketing de vídeo precisa ter um arco narrativo através do tempo e das mídias. É a arte de montar uma história forte nos vídeos, todos compartilhando da mesma narrativa. De repente, os clientes entenderam que Alex é muito mais que mais um cara do vídeo.

Então, eu dei a você um monte de exemplos rápidos sobre como um marketing forte pode apoiar vendas fortes. Entretanto, para mergulhar mais fundo no tema, a melhor maneira de explicar isso é contar exatamente a mesma história roteirizada que uso com todos os meus clientes em perspectiva.

Deixe-me dar um exemplo a você.

Wendy era uma cliente que ensinava mandarim para crianças e adultos na Califórnia. Um dos problemas que ela tinha era a dificuldade para cobrar de 50 a 80 dólares por hora de aula particular. Isso porque havia muitos outros instrutores de línguas se mudando de outros estados para a Califórnia e dispostos a reduzir muito seus preços, cobrando apenas de 30 a 50 dólares a hora para conseguir suas primeiras histórias de sucesso com os clientes. Wendy pagava a sua equipe mais que isso.

Além disso, como hoje vivemos em uma economia global, ela também tinha que lidar com pessoas da China oferecendo seus serviços por de 10 a 15 dólares a hora no site Craigslist. Ela estava perdendo clientes e se esforçando para conseguir novos.

Ela me perguntou: "Como competir nesse mercado lotado, no qual tudo o que eu tenho para competir é... O preço?"

Eu disse: "Wendy, competir por preço é o fim da linha, onde a única pessoa que vence na verdade perde, porque forneceu o serviço por muito menos do que vale. Eu prefiro ajudá-la a evitar totalmente a batalha."

Depois de examinar as centenas e centenas de clientes com quem Wendy tinha trabalhado, havia dois clientes – só dois – que ela ajudava com muito mais que aulas de idioma.

A primeira coisa em que ela os ajudou foi a entender o conceito de guanxi. *Na primeira vez que ouvi isso, achei que queria dizer galáxia e que ela estava falando sobre o espaço sideral, mas essa, na verdade, é a palavra chinesa para relação.*

Veja, se você e eu tivéssemos uma reunião de vendas aqui nos Estados Unidos ou na Austrália, no fim dessa reunião eu perguntaria (se eu fosse terrível em vendas) se você gostaria de comprar meu produto ou serviço. Se você dissesse que queria pensar, eu ligava outra vez na semana seguinte. Se você ainda dissesse que queria pensar, bom, sabemos que minha chance de fazer essa venda estaria cada vez menor.

(Pequena pausa para deixar o cliente responder.)

Bom, na China, eles querem sair para jantar quatro ou cinco vezes antes mesmo de começar a falar de negócios. Eles provavelmente vão querer vê-lo bêbado em um karaokê uma ou duas vezes antes disso.

(Espere por uma pequena risada.)

Mas há uma razão para isso: eles geralmente não estão falando de uma transação de doze ou catorze meses como fazemos no Ocidente. Eles estão falando de contratos de cinquenta a cem anos. Quero dizer, isso é mais longo que os casamentos e as vidas de muita gente. Então, para eles, é mais importante conhecer a pessoa com quem vão se relacionar do que os termos específicos de um contrato.

A segunda coisa com a qual Wendy os ajudou foi a entender a diferença entre o comércio eletrônico na China e o comércio eletrônico no mundo ocidental.

A terceira foi a importância do respeito. Wendy ajudava seus clientes a entender que, enquanto é ótimo aprender mandarim, se eles não tentassem reduzir seu sotaque isso soaria como desrespeito, e então não conseguiriam fazer negócios com a China. Eles não esperam que você soe exatamente como eles, mas esperam que você pelo menos tente.

É a mesma coisa quando alguém dá a você seu cartão de visita na China. No mundo ocidental, quando recebemos um cartão em um evento de networking, nós nem olhamos para o cartão. Nós simplesmente o botamos no bolso e continuamos a conversar. Depois, chegamos em casa e tiramos esses cartões do bolso e ficamos tipo "Quem é esse mesmo?". Bom, na China, espera-se que você pegue o cartão, admire-o, olhe para ele, vire-o, aprecie o verso, então finalmente pegue seu porta-cartões, quase faça uma reverência, guarde o cartão no porta-cartões e então continue a falar. Mais uma vez, qualquer coisa menos que isso é desrespeitoso.

Acabei de voltar de uma palestra na Electrolux em Bangkok e vi isso pessoalmente. Eram mais de cem vice-presidentes no salão, e cada vez que eu entregava meu cartão para um deles – uma pessoa responsável por centenas, se não milhares de funcionários –, ele pegava meu cartão e fazia exatamente isso.

Então, Wendy estava ajudando esses executivos com essas três coisas, e eu disse: "Wendy, você está fazendo muito mais por essas pessoas que apenas aulas particulares de idioma. Diga, o que você está fazendo por essas pessoas?"

Ela disse: "O que você quer dizer com isso? Essas são apenas coisinhas. Estou só tentando ajudar."

Eu disse: "Não. Wendy, você está presa em sua habilidade funcional. É justo supor que, como resultado de trabalhar com esses clientes, eles vão ter mais sucesso na China?"

Ela respondeu: "Bom, vão. Eu espero que sim."

Eu disse: "Ótimo, então, por que não chamamos você de 'Coach do sucesso na China' e seu produto de 'Sucesso intensivo na China'?"

Esse seria um programa de cinco semanas que funcionava com o executivo, a esposa e qualquer criança sendo transferidos para a China.

O programa não ensinava mandarim; afinal de contas, a educação em mandarim era vista como uma commodity (e Wendy concordou que era melhor deixar as outras empresas disputarem isso). O programa se concentrava apenas nos elementos essenciais que ela ensinava a executivos sendo transferidos para a China.

Você provavelmente deve ter se perguntado por que a esposa e os filhos. Bom, todos estamos no negócio e, claro, vender para mais pessoas significa que você pode cobrar mais dinheiro. Em segundo lugar, pense nisso: se você é um executivo sendo transferido para a China, você chega lá e sua esposa ou seu filho não está feliz, bom, você provavelmente terá que lidar com uma família infeliz, reduzindo muito as chances de sucesso no trabalho. É de importância vital que toda a unidade familiar tenha sucesso quando chegar lá.

Wendy, empolgada com a ideia, me perguntou: "Então, eu procuro executivos para vender isso?"

Eu disse: "Na verdade, não. Pense bem. Quem é seu cliente?"

Ela disse: "Ah, você tem razão... São as empresas."

Eu disse: "Não, seu cliente ideal já está indo para um lugar, e é mais fácil trabalhar com uma terceira parte com a qual eles já estão trabalhando: advogados de imigração. Sabe, quando eu me mudei para os Estados Unidos, precisei conseguir um visto e, depois disso, um green card. Toda vez, eu usei um advogado de imigração.

"Eles têm relações com todas as pessoas com as quais você pretende trabalhar. Eles são seus clientes ideais."

Então, procuramos alguns desses advogados de imigração que cobram entre 2 mil e 5 mil dólares para conseguir um cliente, organizar todos os documentos exigidos para ter um visto aprovado, *depois lidar com toda a burocracia para garantir que isso aconteça. E nós dissemos a eles: "O que acharia de ganhar uma comissão de 3 mil dólares por qualquer apresentação bem-sucedida de um executivo sendo transferido para a China?"*

Eles disseram: "Isso é mais do que geralmente ganhamos depois dos custos para obter o visto! O que eu teria que dizer?"

Nós dissemos: "'Parabéns. Você está aprovado para trabalhar na China. Agora, eu só queria confirmar: você está realmente pronto para ser transferido para lá?' Quando eles disserem: 'É. Nós conseguimos nosso visto graças a você; aprendemos mandarim. Na verdade, as crianças estão ficando muito boas nisso, e estamos com nossa casa organizada. Eu diria que estamos bem' – qualquer que seja sua resposta –, você diz: 'Na verdade, tem muito mais que isso. Acho que você precisa conversar com a Coach de sucesso na China.' É isso."

Wendy, então, recebia um telefonema com a venda mais fácil do mundo. Quero dizer, esses executivos estavam aterrorizados. Eu só me mudei da Austrália para os Estados Unidos e fiquei apavorado. Imagine ser transferido para um lugar onde não se fala nem a mesma língua.

As empresas também estavam aterrorizadas. Elas geralmente tinham milhões, se não bilhões de dólares dependendo do sucesso ou fracasso desses executivos, então, elas queriam fazer todo o possível para garantir o sucesso deles quando chegassem lá.

Então, Wendy cobrava 30 mil dólares por esse programa de cinco semanas e, depois de pagar uma comissão de 3 mil para o advogado de imigração, ela ganhava 27 mil dólares pela venda mais fácil do mundo, em vez de batalhar todo dia por de 50 a 80 dólares a hora. Esse é o poder de uma mensagem forte e unificada.

Para você, é preciso ver quais são as suas diferenças únicas. Todo mundo tem experiências únicas, uma criação única, antigos clientes únicos e uma educação única que os qualifica perfeitamente a fornecer um serviço único e valioso para um grupo específico de pessoas.

Quando você descobre quem são esses clientes, a mensagem unificada é fácil.

Para Wendy, era guanxi, comércio eletrônico e respeito, e o benefício de mais alto nível, o sucesso na China.

No meu caso, sou um coach de negócios, um especialista em branding, um estrategista de vendas, um especialista em mídias sociais; sou mestre em programação neurolinguística; sou muitas coisas e ninguém se importa. Mas quando digo que sou o cara do crescimento rápido, que ajudo organizações grandes e pequenas a obter um crescimento rápido, o poder dessa mensagem faz com que eu seja ouvido em um mercado lotado.

É isso que acontece quando as vendas e o marketing andam juntos.

A VANTAGEM DOS INTROVERTIDOS

Então, agora você entende o processo de vendas... Mas o que é exatamente a vantagem dos introvertidos?

Você pode ter adivinhado que é sua compaixão, sua empatia, sua compreensão, sua habilidade única de escutar com atenção, ou talvez sua capacidade de se preparar completamente. Mas os benefícios oferecidos por esses traços não são segredo. Há muita pesquisa e literatura reforçando as vantagens dessas qualidades naturais dos introvertidos.

A vantagem dos introvertidos é saber como utilizar suas forças naturais de um jeito sistemático e focado. Essas habilidades são a matéria-prima; este livro, o catalisador; a transformação, ir do analfabetismo em vendas à maestria em vendas.

Armado com as técnicas, estratégias e processos destas páginas, você tem agora a vantagem que estava procurando para colocar em prática e superar qualquer um em vendas.

Como disse uma vez o Almirante David Farragut – e como meu pai sempre repetia –, "Que se danem os torpedos, avance a toda velocidade!".

AGRADECIMENTOS

Derek, por ser meu maior fã, por me ajudar a tirar esse processo da minha cabeça, por ser um de meus confidentes e amigos mais próximos e de confiança e por ser a alma incrível que é.

Pai, por me motivar a ser melhor, por sempre ser o advogado do diabo, por me desafiar a testar minhas percepções do mundo, por ter dado o pontapé inicial que me fez entrar nos negócios por conta própria e por me dizer que se danem os torpedos.

Mãe, por ser meu apoio emocional, por sempre estar ao meu lado, por não aceitar não como resposta até encontrar uma solução para a deficiência que mudou minha vida e por incentivar o coração dentro de mim.

Chelsea, por ser a irmã que todo mundo gostaria de ter, por estar ao meu lado a cada passo do caminho, por ser minha confidente e por me aguentar por todos esses anos.

Vovó, por proporcionar o tempo em família toda noite de quinta-feira para falar de negócios e por sempre dizer o quão orgulhosa de mim você se sentia.

Brittany, por fazer de mim um homem melhor em todos os sentidos, por ser minha melhor amiga e por me mostrar uma paciência e um amor infinitos.

Cindy, por ver o que mais ninguém viu, por me desafiar a fazer as coisas certas e por ser a agente literária que todo autor espera encontrar.

Tim, por acreditar que este livro tinha uma casa na AMACOM, por ver seu potencial antes mesmo que ele existisse, por confiar em minha capacidade de escrevê-lo e por seu espírito colaborativo que fez do livro muito mais do que teria sido.

Meus clientes e equipes de vendas, por me permitirem usar suas histórias e aprender a me desenvolver através da oportunidade de trabalhar com vocês.

Meus leitores, por confiarem em mim para levá-los nessa viagem.

SOBRE O AUTOR

Na escola primária, eu disse a uma professora que queria ser advogado. Ela me disse para "ter expectativas mais realistas".

Cresci em Craigieburn, Austrália. As pessoas da minha cidade não têm empresas (se têm, são de trabalhos braçais). As pessoas que querem melhorar de vida sofrem do que chamamos na Austrália de "síndrome da papoula mais alta": a flor mais alta do campo é cortada. É melhor não ser visto se esforçando demais nem sonhando muito grande.

Depois que fui promovido a gerente de vendas, minha empresa me transferiu para Adelaide. Quando fui para casa em um fim de semana para uma festa, me encontrei com um velho colega de turma que era um dos "garotos descolados" na escola. Quando conversamos, ele me contou que tinha arranjado um emprego em uma fábrica local.

"Matt", disse ele, "você fez o certo. Você era um dos inteligentes. Enquanto eu crescia, sempre acreditei que devia aproveitar o momento, sem me preocupar demais com o futuro. Agora, passo o dia inteiro trabalhando em frente a uma fornalha. É quente demais. Queria ter trabalhado tão duro quanto você para ter ido embora e me tornado alguém."

Isso era novidade para mim. Eu sempre me senti estúpido como o garoto que se esforçava. A razão pela qual eu passava horas e horas na escola era que estava sempre atrás das outras pessoas. Minha síndrome de Irlen só foi diagnosticada quando eu tinha 17 anos. Eu me formei com a velocidade de leitura de um aluno do sexto ano.

Mas talvez isso tenha sido uma bênção disfarçada. Talvez, se eu tivesse as mesmas habilidades naturais de meus colegas de turma, eu tivesse feito parte do status quo. Talvez minha deficiência tenha me forçado a me tornar algo mais do que teria me tornado sem ela. Gosto de dizer que os fracassos semeiam o sucesso de nosso futuro.

Acho que funciona do mesmo jeito para introvertidos, porque não temos as mesmas habilidades natas dos extrovertidos. Nós precisamos compensar isso de outras maneiras... Mas esse esforço extra, na verdade, nos dá uma vantagem sobre os outros.

As regras do jogo nunca pareceram funcionar para mim. Sempre tive que criar as minhas próprias por necessidade. Por exemplo, apenas dezoito meses depois de abrir minha empresa, estava em uma sinuca com amigos quando um cara do outro lado do salão, doidão de metanfetamina, surtou. Ele quebrou uma garrafa de vidro e me atacou, fazendo um corte em meu rosto; ele não me cegou por poucos milímetros. Levei 26 pontos, passei por uma cirurgia plástica dolorosa e precisei de um total de cinco anos para me curar. Eu tinha acabado de começar a construir minha autoconfiança, mas uma cicatriz desfigurante matou tudo isso.

Antes, eu parecia um estudante inocente, cheio de acne e nerd que não conseguia contar uma mentira nem que tentasse. Com a cicatriz, eu parecia um motociclista recém-saído de uma briga de bar. Mesmo um ano depois, a cicatriz ainda parecia recente, em especial porque os médicos tinham que reabri-la com frequência como parte da minha recuperação.

Minha aparência não estabelecia mais confiança naturalmente. Eu tive que refazer meu processo de vendas para, na verdade, superar a *desconfiança* natural das pessoas em mim (levando ao passo de credibilidade que mais tarde se tornou integral em meu sistema).

De algum modo, funcionou.

Eu estava ganhando mais dinheiro do que jamais sonhara. Tinha o melhor carro, as melhores roupas e vivia em uma cobertura embaraçosamente cara com vista para Melbourne. Durante a premiação empresarial anual da cidade, eu subi ao palco e recebi o prestigiado Young Achiever Award. Não só eu era um sucesso, mas todo mundo também me via como um sucesso. Eu tinha tudo. Eu estava vivendo o sonho.

Eu me lembro nitidamente da sensação de chegar em casa em minha cobertura e botar o prêmio na estante: uma desilusão terrível. Eu decidi que tinha que fazer mais. Durante os anos seguintes, abri mais empresas, ganhei mais dinheiro, transformei mercados inteiros e obtive ainda mais sucesso. Mas nada era o bastante; nada enchia o vazio enorme em minha alma.

Eu decidi fazer uma pausa e viajar pelo mundo por um ano, na esperança de descobrir... Alguma coisa. Me diverti no Carnaval no Brasil e no Coachella, na Califórnia. Mergulhei em um naufrágio em Gibraltar e passeei pelos Alpes Suíços. Estive no alto das cataratas do Iguaçu. Caminhei para contemplar a vista de Machu Picchu. Até corri com touros na Espanha.

Eu estava em busca de minha alma, mesmo enquanto andava pelo mundo... E descobri uma coisa.

Todo o "sucesso" que eu buscava, na verdade, não tinha a ver com conseguir essas coisas. Eu não ligava para o carro, para a cobertura nem para a notoriedade. Eu descobri que tinha buscado todas essas coisas porque queria provar para o mundo que eu não era um garoto com deficiência de aprendizado que não valia nada. Bom, eu tinha provado isso. Mas ainda me sentia vazio.

Olhando para as minhas experiências, eu me lembrei de quando me senti mais realizado. De toda as minhas experiências, a que mais me fazia feliz era o Instituto Pollard. Ajudar profissionais capacitados a encontrar confiança para articular com orgulho o que fazem, de um jeito que levava o cliente a pagar o que eles realmente valiam – e vê-los criar um sistema que permitia que isso acontecesse repetidas vezes –, provocou uma mudança transformadora na vida desses heróis dos negócios. Ouvir Derek Lewis, Alex Murphy e outros testemunhos sobre o que meus conselhos fizeram por eles ainda me deixa arrepiado.

Esta é minha missão: cobrir o abismo entre o sonho pelo qual uma pessoa luta e o crescimento rápido do negócio que ela ama.

– Matthew Pollard

REFERÊNCIAS E OUTRAS LEITURAS

Aaker, Jennifer. "Harnessing the Power of Stories". Stanford University, Center for the Advancement of Women's Leadership. Acesso em: 19 de maio de 2017. Disponível em: https://womensleadership.stanford.edu/stories.

Arnsten, Amy; Carolyn M. Mazure e Rajita Sinha. "Everyday Stress Can Shut Down the Brain's Chief Command Center". *Scientific American*, abril de 2012.

Cain, Susan. *O poder dos quietos: como os tímidos e introvertidos podem mudar um mundo que não para de falar*. Rio de Janeiro: Sextante, 2017.

Cialdini, Robert B. *As armas da persuasão 2.0*. Rio de Janeiro: HarperCollins Brasil, 2021.

Cialdini, Robert. *Pré-suasão: A influência começa antes da primeira palavra*. Rio de Janeiro: Sextante, 2016.

Davis, Robert C. *Shipbuilders of the Venetian Arsenal: Workers and Workplace in the Preindustrial City*. Baltimore: Johns Hopkins University Press, 2007.

Deloitte United States. "Navigating the New Digital Divide". 7 de novembro de 2016. Acesso em: 19 de maio de 2017. Disponível em: https://www2.deloitte.com/us/en/pages/consumer-business/articles/navigating-the-new-digital-divide-retail.html.

Gallo, Carmine. *The Storyteller's Secret: From TED Speakers to Business Legends, Why Some Ideas Catch On and Others Don't*. Nova York: St. Martin's Press, 2016.

Glenn, Joshua; Rob Walker; Eric Reynolds; Jacob Covey; Kristy Valenti e Michael Wysong. *Significant Objects: 100 Extraordinary Stories About Ordinary Things*. Seattle, WA: Fantagraphics Books, 2012.

Hasson, Uri; Asif A. Ghazanfar; Bruno Galantucci; Simon Garrod e Christian Keysers. "Brain-to-Brain Coupling: A Mechanism for Creating and Sharing a Social World". *Trends in Cognitive Sciences* 16, nº 2 (2012): 114–121. doi:10.1016/j.tics.2011.12.007.

Loo, Robert. "Note on the Relationship Between Trait Anxiety and the Eysenck Personality Questionnaire". *Journal of Clinical Psychology* 35, nº 1 (1979): 110.

Mar, Raymond A. "The Neural Bases of Social Cognition and Story Comprehension". *Annual Review of Psychology* 62, nº 1 (2011): 103-134. doi:10.1146/annurev-psych-120709-145406.

Schwartz, Barry. *O paradoxo da escolha: por que mais é menos*. São Paulo: Girafa Editora, 2007.

Shapiro, Kenneth J. e Irving E. Alexander. "Extraversion-Introversion, Affiliation, and Anxiety". *Journal of Personality* 37, nº 3 (1969): 387-406.
Sword, Lesley. "The Gifted Introvert". Gifted and Creative Services Australia, 2000. Acesso em: 19 de maio de 2017. Disponível em: http://www.giftedservices.com.au.
Zak, Paul J. *Trust Factor: The Science of Creating High-Performance Companies*. Nova York: AMACOM, 2017.

Este livro foi impresso em 2021 pela Eskenazi para a HarperCollins Brasil. A fonte usada no miolo é Minion Pro, corpo 11,5/15. O papel do miolo é Pólen Soft 80g/m², e o da capa é Cartão 250g/m².